中国人的习惯

邱泽奇 著

北京大学出版社
PEKING UNIVERSITY PRESS

图书在版编目（CIP）数据

中国人的习惯 / 邱泽奇著. —北京：北京大学出版社，2022.7
ISBN 978-7-301-33063-0

Ⅰ.①中⋯ Ⅱ.①邱⋯ Ⅲ.①行为方式–研究–中国 Ⅳ.①C912.68

中国版本图书馆CIP数据核字（2022）第096611号

书　　　名	中国人的习惯 ZHONGGUOREN DE XIGUAN	
著作责任者	邱泽奇　著	
责 任 编 辑	武　岳	
标 准 书 号	ISBN 978-7-301-33063-0	
出 版 发 行	北京大学出版社	
地　　　址	北京市海淀区成府路205号　100871	
网　　　址	http://www.pup.cn　　新浪微博：@北京大学出版社	
电 子 信 箱	ss@pup.pku.edu.cn	
电　　　话	邮购部 010-62752015　发行部 010-62750672 编辑部 010-62753121	
印 刷 者	北京中科印刷有限公司	
经 销 者	新华书店 890毫米×1240毫米　32开本　8.25印张　125千字 2022年7月第1版　2022年7月第1次印刷	
定　　　价	59.00元（精装）	

未经许可，不得以任何方式复制或抄袭本书之部分或全部内容。
版权所有，侵权必究
举报电话：010-62752024　电子信箱：fd@pup.pku.edu.cn
图书如有印装质量问题，请与出版部联系，电话：010-62756370

人伦与内省（代序）

1966年夏天，18岁的我作为交换生来到香港新亚书院和崇基学院。那是一次改变我一生的历险，就像爱丽丝梦游仙境一般，我发现了另一个世界。这个世界不是建筑有多么特别、书籍有多么特别、吃的有多么新奇——虽然这些东西都很不同，让我感到冲击的是生活在香港的人和他们的文化习惯。我很快发现，我了解的中国人——我的同学、老师、朋友，有他们自己的思考、感受和行为模式，与我自己的非常不同。当时的香港很穷，米饭里有沙子，饭菜清汤寡水。但是，在我们小小的大学社区，却弥漫着一种家庭的亲切感，融洽而有修养，这是我之前从未体验过的。出于学术的考量，我立即给自己定下一项任务，即尝试理解表现出这些截然不同文化习惯的人的思维方式和生活方式。没想到，我为此努力了一辈子，现在还在努力。

借用这段经历，我想说的是，如果一开始我就读到邱泽奇的《中国人的习惯》，或许会更早找到我努力的方向，或许可以沿着这条道路走得更远。邱独特的职业生涯使他有机会深入中国与非洲不断发展的伙伴关系。他既是一位敏锐的观察者，也是一位好奇与自我批判的文化多元化主义者。他关于中国对非卫生发展援助的研究[1]告诉人们，成功的外交不是只基于权力或看到的利益，还必须依靠人际关系的品质，依靠对他人真诚的感情，以及几代人辛勤的努力。唯如此，才能让中国与非洲建立起持久的友谊，而不只是一般意义上的国际关系。换句话说，中国在非洲的成功可以追溯到中国人的文化习惯。

在这本书中，邱将这些在非洲有实际应用的文化资源清晰地展现给中国与国际读者。为此，他运用了多种策略，试图让中国传统文化发出自己的声音，并以自己的方式展现传统文化的价值。例如，在第一章讨论中国人的思维习惯时,他运用费孝通的妙语——"我看人看我"和"人看我看人"探讨中国人基于不同家庭、社区的关系性和内省性观念。在探索身份认同中,邱运用了人们熟知的心理学的人类发展理论,如弗洛伊德、皮亚杰、科尔伯格等的理论。这些个体主义的、大多属于理性主义的模式与中国自古以来的家庭"教化"和人的儒家修养模式形成鲜明对比。事实上,邱在为自己的见解寻求语言和论证中信手拈来的儒家经典(《论语》《孟子》《荀子》《礼记》等)以及当代馆藏文献与现实研究,不断呈现出中国古老传统的生命力。通过将西方理论与儒家经典比较,邱在书中建立了一种比较解释学方法,提供了对这两种传统的洞察。同时,最重要的是,建立了必要的对比,以突出与阐述中国的不同。

书的篇幅虽小,呈现的却是一幅复杂画卷,贯串其中的有几个主题。人的修养是根本,个体在家庭和社区中孕育和成长。人,远非离散与独立的,而是通过相互凝聚的品质,在融合他人的需求和愿望中,获得独特的个性，甚至变得杰出。当然，就社会本身是由致力于人的修养的人所组成的而言，社会最根本的价值取向是迈向包容和优化的共生。"和"的观念，不是诉诸个人主义的自主价值与简单的平等，而是以差别和不同为基础，在向别人学习与发展个人坚持的自身独特性之间取得恰当的平衡，促进这些不同产生公平、多样性及一种分享的幸福。

另一个重要主题是不断反省。我一直认为，儒家的"仁"中有一种"二重性"（twoness），即自我意识的品质（关系性个体的基础）和对自己及他人的反省。人并非生以成人，出生只是带来了人际关系，人在他们的角色和与他人的关系中塑造和被塑造。随着人变得越来越社会化，便会通过不同角色与人伦关系进行交流而变得越来越具有反思性与自我意识，并在独特的自我意识产生中，产生以前"自我"的更基本的、模仿性的社会互动。换句话说，人际关系是场域性的，人际互动也是场域性的，认识到场域性会使人反思，与自己进行内省对话。

人伦与内省（代序）

在这篇序言里，我不想重复邱泽奇说过的比我说得更好的话，也不想假装我有实质性的内容可以补充。不过，我观察到，在书中，邱不断回到费孝通这位知识巨人对中国文化的洞察。邱的讨论就像之前的费孝通一样，抵制了中国和西方学术中人们非常熟悉的模式，即在西方概念框架内将中国传统文化理论化，从而在无意中暗示了文化的重要性而不是自己文化的重要性。

我喜欢邱变成一位有炙热情怀的费孝通的学生。其实在我的学术生涯中，费孝通也是我的偶像之一。邱把费孝通作为其社会学直觉的丰富资源。作为补充，我也可以讲讲阅读费孝通是如何启发我作为哲学家思考邱在书中讨论的问题的。众所周知，费年轻时在北大和清华求学，然后前往伦敦政治经济学院（LSE）攻读博士学位，师从人类学大师布罗尼斯拉夫·马林诺夫斯基（Bronislaw Malinowski）。回国后，费发表了他的开创性著作《乡土中国》。在这本专著中，他提出了一些重要观点，邱在他的书中也有引用。如果社会学作为一门学科要公正地对待中国本土文化，就必须找到一种非常不同的语言进行表达，必须充分发挥社会学的想象力，努力用自己的方式来表述。

为此，费引入了一些基本的、现在依然著名的区分，不仅让西方和中国社会组织模式形成鲜明对比，最重要的是提出了"做人与成人"意味着什么的替代概念。费确立了我刻画的基于个体的离散的"长成的人"（human being）的概念与植根于"生生论"思维（zoetological thinking）谱系的"成长中的人"（human becoming）的概念的区别。离散的"长成的人"的概念可以追溯到古希腊的本体论思维，而后者可以追溯到《易经》及其后对它的解读。事实上，费认为，团体格局与西方自由主义、个体主义相一致，西方社会是由离散个体自治组成的社会组织，且有着明确划定的边界。费用来表示这个组织模式的形象比喻是单子个体的稻草，它们被收集并绑在一起，几根稻草束成一把，几把束成一扎，几扎束成一捆，几捆束成一挑……每一个单位都是由互不联系的单子个体组成。

作为对照，费把中国基于家的组织模式称为"差序格局"。他把差序格局类比为把一块石头扔进湖中形成的同心圆。这是一幅关系图景，波纹涟漪是一种"沦"，与人际关系的"伦"同源、同音。

费区分这两种组织模式的一个重要含义是，在组织模式中存在一种共同的组织原则，将人捆绑在一起并使他们平等（广义上是"法律"概念的一些变化体）。这个法律概念，同人的角色及关系中相互关联的、层次结构化的差异形成了对照。这种非同一般的"礼"模式，作为一种社会文法，为中国传统提供了持久性与稳定性。这种平等与层次结构的区别，在另一种思考人的同一性建构的方式中十分明显。在西方模式中，人们坚持个人认为的权利与应享的权利，是一种较为消极的自由观念；而在中国，盛行着一种更积极的自由观念，即对家庭与社会的充分参与。同时，家庭与社会也培养个人角色及其与社会关系的场域。中西方之间，对比鲜明。

费孝通坚持认为，儒家伦理体现在家庭关系的重叠中，延展在人际关系的网络中，以至于无穷。他进一步认为，占主导地位的亲属关系模式及其界定的层次关系中的角色和人际关系产生了独特的人伦道德。在这样的道德中，没有一种伦理会超越具体的人际关系。就是说，家是人际关系的起点，根本的道德在于对长辈的尊敬（孝）和对兄弟的尊重（悌）。把家庭内部人际关系拓展到朋友关系而非亲属关系，相应的伦理追求便是承诺和践行（诚）、推己及人（恕）、尽力而为（忠）、一诺千金（信）等。这些观念有助于调和人与人之间的紧张关系，持续促进家庭成员之间和社区具体的人与人之间关系的改善。

邱泽奇很清楚，当今中国已经成为世界的中国，也因此同样陷入了世界的困局与危机之中。中国能否生存？与此同时，中国的文化习惯正受到许多不同价值观和生活方式的质疑和挑战，中国能继续保持中国性吗？在对这些问题的回应中，我认为邱是正确的。对任何看似紧迫的当前挑战，都必须将其置于一个始终融合的、混合的、多元的几千年叙事中来缓和，这是一个由变通定义的持久传统。中国传统的力量和持久性在于每一代人都有能力体现邱所描述的文化习惯，使传统适应不断变化的世界，并运用传统解决时代的紧迫问题。他们扩展并重新认可这些文化习惯，建立起与下一代人之间的纽带，为追随他们的人树立起这些文化习惯，他们建议下一代人也这样做。

我之所以聚焦于邱泽奇和费孝通如何阐述儒家的关系性人，是因为我认为其既是当前对中国许多误解的根源，也是中国文化对不断变化的世界秩序最重要的贡献——无论是经济的，还是政治的和文化的。在邱探讨的中国人的习惯中，从教育到伦理，再到社会和政治秩序，最重要的共同点是人的内省。人们通过养成自己的角色、处理与他人的关系来建构自己的社会身份。儒家哲学提供给我们时代的，恰恰是人的内省，以及对人际关系性精心理解的、复杂的且在伦理上令人信服的观念，这样的观念也构成了对根深蒂固的自由主义意识形态的批判和挑战。中国人习惯中的人的模式也与不断变化的地缘政治秩序有关，主权国家与世界类似于规模扩大了的家(家国天下同构)。特别是,人类社会各个层面都正在经历巨变,世界秩序正处于转折的关键时刻,正是这种不可简化的社会的、场域性的人,向我最清楚地表明,儒家传统文化有许多值得珍视的价值,既是对当代自由主义假设的实质性批判,也是丰富世界文化的重要资源。我们要感谢邱泽奇用这本著作帮助大家更好地了解儒家传统文化资源。

安乐哲(Roger T. Ames)

北京大学哲学系讲席教授

注释

1 参见邱泽奇等:《朋友在先:中国对乌干达卫生发展援助案例研究》,社会科学文献出版社 2017 年版;Zeqi Qiu, *When Friendship Comes First: A Case Study of Chinese Development Aid for Health in Uganda*, Palgrave Macmillan, 2020。

前　言

与人相处，我们会从细微处观察和体会他人对待人和事物/事务的认知、态度和行为，俗称"待人接物"，从而形成对他人社会特征的基本判断，如：做什么工作的？来自哪里？地位高低？修养如何？进一步，还会与人性联系起来，如：是善还是恶？是急还是慢？然后采取自己下一步的行动。在社会学中，我们把这样的过程称为"知—信—行"的社会过程，是社会人际互动的常见场景。在日常生活中，人们不会对"知—信—行"进行阶段性或过程性的明确区分，"知—信—行"也常常会混在一起，变成人们的下意识行为，即人们通常说的"习惯"。

生活在世界各地的人们都有各自的习惯：思维习

中国人的
习惯

个体与大千世界

惯、生活习惯、工作习惯、休闲习惯，也有社会性的社会习惯。无论是个体习惯还是社会习惯，习惯究竟是从哪里来的呢？

一些人以为是天生的，基因带来的。社会学有一个小领域专门研究生物特性与人类行为特征的关系，即生物社会学。生物社会学的一些研究的确证明，人的某些特别行为（如犯罪行为）与生物特征有关，却没有证明人的习惯与生物特征有直接的关系。可是，在社会认知中，人们却常常把人的习惯与人的生物性相关联。在中国社会，人们对出身的尊重有着悠久的历史，"龙生龙，凤生凤，老鼠的儿子会打洞"，说的正是父代通过遗传基因对子代的影响。当然，这句俗语关注的不仅是生物特征的影响，更多关注的是家风即文化的影响。不仅中国社会如此，世界上的其他社会也有类似的认知。譬如在印度，"贼的儿子总是贼"是一个"常识"；在美国，人们常常依据姓氏初判某人社会地位高贵与否。甚至有人对姓氏与社会地位进行了专门研究，并把这一策略运用到对中国传统社会的研究中。[1]

一些人则以为习惯是后天的，是社会塑造的。社会学的基本观点认为，人的行为特征是在社会化进程中逐步塑造和形成的，且随着环境的变化，一辈子都在塑造之中。在中国社会，人们对教养的尊重有着悠久的历史，"上行下效""上梁不正下梁歪""近朱者赤，近墨者黑"，类似的俗语与谚语折射出中国人在漫长社会实践中经过反复检验的社会认知，即认为人的习惯是后天养成的。孟母三迁的故事完美地诠释了社会环境对人的习惯的影响，也常常被用来证明人的习惯是环境造就的。

如果我们把"天生的"理解为人性，那么，人性与习惯是一个事物的表里两面——人性为里，习惯为表。以对人性的认知为基础，习以为常的下意识行为便是习惯，或许受着生物因素的影响，同时在成长中受到的环境影响也不言而喻。在接下来的篇幅里，我将先聚焦于中国人的特征性习惯，而不直接参与习惯从哪里来的争辩。我们从中国文化对人性与习惯的一些基本假定开始，循着"知—信—行"的认知路径，探索中国文化展现的思维方式、社会理想、行为追求和闲暇安排，从中体悟中国文化呈现的人性与习惯。当然，我们并不否认生物因素对人性与习惯的影响，只是更倾向认为，无论人性如何，习惯的养成与行为的表达更多地受到人们所处环境的影响。最后，再回过头来梳理中国文化对人性与习惯关系的历史探讨，为读者自己进一步思考与探索铺路。

注释

1 参见 Wolfram Eberhard, *Social Mobility in Traditional China,* E. J. Brill, 1962。

目 录

第一章 推己及人的思维习惯 / 1

　　一、我看人看我 / 4

　　二、人看我看人 / 13

　　三、被教化的思维 / 20

　　四、推己及人的逝去 / 30

第二章 和而不同的社会习惯 / 41

　　一、修己与安人 / 44

　　二、和而不同 / 51

　　三、模仿的行为 / 57

　　四、个体化社会的崛起 / 64

第三章 择善而从的生活习惯 / 79

  一、吾日三省吾身 / 82

  二、宁俭勿奢 / 89

  三、快乐地生活 / 96

  四、场景化生活的来临 / 104

第四章 勤勉好学的工作习惯 / 115

  一、将勤补拙 / 118

  二、见贤思齐 / 125

  三、技术地工作 / 132

  四、创新性工作的机会 / 139

第五章 张弛有度的休闲习惯 / 149

  一、忌玩物丧志 / 152

  二、尚张弛有度 / 160

  三、经济地娱乐 / 167

  四、闲暇意义的重构 / 173

第六章　人之初本无性 / 181

　　一、人性或并非天定 / 184

　　二、善恶混无有歧分 / 188

　　三、搁置争论铸共识 / 199

　　四、向善习惯立人伦 / 209

结　论　中国文化中的习惯资源 / 221

后　记 / 229

第一章 推己及人的思维习惯

第一章
推己及人的思维习惯

说到习惯,思维习惯值得优先讨论。思维是人的生理过程和社会活动,是人处理信息和感知世界的行动。在人性与习惯的"知—信—行"逻辑中,与"知"相关联的思维方式,不仅指"知道",更指无意识状态的感知与理解。在认知科学里,对每一个人、每一件事、每一事物,个体都通过思维形成印象,获得认知,做出判断,思维也是"信"和"行"的前提。思维习惯在某种意义上甚至不是个人的,而是某个群体在长期的历史发展中形成的较为固定的元认知模式,也可以被理解为这个群体的文化特征。思维习惯,在中国文化里最能体现人性与习惯之间关系的,也许是个人走出自我去处理与他人关系的思维习惯。

一、我看人看我

当个人走出自我与他人打交道时,几乎每一个正常的成年人都会习惯性地思考他人是谁,自己如何对待他人才是对方和社会都认为得体的方式。其中,"得体"二字内含他人和社会如何看待自己,是把自己放在与他人和社会等多重关系结构中来观察自己的考量。简单地说,我们常常会不自觉地考量他人如何看待自己,即我看人看我。

说到我看人看我,我自然会想起费孝通先生的同名文章[1]。这篇文章的缘起是美国的R. 戴维·阿古什(R. David Arkush)教授写了一本《费孝通传》(*Fei Xiaotong and Sociology in Revolutionary China*),日本的《辅仁学志》邀请香港中文大学的一位教授写一篇书评,这位教授是费孝通的朋友,特意来信询问费孝通该如何着手写这篇书评。在这里,有三位人物:《费孝通传》的作者阿古什;费孝通——《费孝通传》里的主人翁,与阿古什不熟悉,在阿古什完成《费孝通传》的

第一章
推己及人的思维习惯

初稿后,费孝通接受过他的访问,并在读完已出版的《费孝通传》后,给阿古什写过一封信;香港中文大学的教授,与费孝通是朋友,与阿古什的关系不清楚。

故事的要点是,有人请费孝通的朋友对一个和费孝通并没有接触过的人写的《费孝通传》进行评价。这位香港中文大学的教授把握不准的是,作为费孝通的朋友,也作为比费孝通学术地位低的人,在书评中如何恰当表述与费孝通的关系。读者也许会发出疑问:纯粹从学术标准出发进行评价难道不可以吗?可以。但在香港中文大学的这位教授看来,他需要事先了解费孝通如何看待他对费孝通的评价,不然,在中国文化里,他便会被判断为"把握不住分寸"。所谓"分寸",是在人己关系中按照他人的理解和社会的规则把自己和他人放在合适的位置上。这位香港中文大学的教授把握不准,便把球踢到了费孝通的面前。费孝通因此写下了上述短文,题名《我看人看我》。

费孝通在文章开篇讲述了这个故事,还把自己给阿古什写的信抄写在了文章的开头部分。费孝通在给阿古什的信中说:"长得不那么好看的人,不大愿意常常照镜子;但照照镜子究竟是必要的,不然怎样能知道旁人为什么对我有这样那样的看法呢?"言下之意是,生活在社会中的人,免不了要接受他人和社会的评价。至于如何对待这样的评价,正是一个人与他人和社会相处的思维起点,也是社会行动的出发点。在比较了他人评价与自我评价之后,在给阿古什的回信中,费孝通说:"不少地方你对我是过誉了。'过誉'是说,你对我的评价比我对自己的评价偏高了一些。"

接着,费孝通在文章里阐述了自己区分一个历史学家和一个新闻记者的标准。随后,他反复强调写传记是一项历史学的研究,不是新闻记者写人物的纪实报道。作为历史研究,成果反映的是历史学家本人辨别史料真伪的能力,研究对象不应该对成果品头论足,至于学术界对成果的评论,自然也不在研究对象评说的范畴内。就这样,费孝通用公开发表文章的形式,巧妙地回应了香港朋友的提问,也表明了自己对阿古什所写《费孝通传》的评价,这正是费孝通与朋友、

第一章
推己及人的思维习惯

与社会之间的关系的体现,比较典型地呈现了中国文化塑造的思维方式。

如果我们还记得自己小时候喜欢经常照镜子,就会理解心理学家说的,那是人自我认知的第一步,是在把自己从其他人那里区别开来,是认识自己的开始。不过,照镜子认识的是身体的自我,却不是社会的自我。照出社会自我的这面镜子不在自己手里,恰恰在他人那里,在社会那里。费孝通说:"这个稿本引起我的兴趣的倒是在别人笔下看到的'自己',看到了人家怎样在看我。经历了多年的'批判',读到此稿,真是另有一番滋味。"如何对待自我评价与他人评价的差异,正是"一番滋味"的应有之义。费孝通说:"把过誉的部分作为对我的鼓励,在今后的日子里补足就是了。"这也是大多数中国人"我看人看我"的思维习惯:内省与体悟。[2]

"内省"正是费孝通式思维方式的源头。与中国文化对人性善恶的认知一脉相承,内省是每个人修身和行为向善的方式。曾子说:"吾日三省吾身。"[3]孔子说,"退

中国人的
习惯

我看人看我

人们在微信里找什么？在以他人为镜子寻找自己，在看他人怎么看自己。

而省其私，亦足以发"[4]，"见贤思齐焉，见不贤而内自省也"[5]，"内省不疚，夫何忧何惧"[6]，"君子有九思：视思明，听思聪，色思温，貌思恭，言思忠，事思敬，疑思问，忿思难，见得思义"[7]。孟子也说："有人于此，其待我以横逆，则君子必自反也。"[8]荀子说，"君子博学而日参省乎己"[9]，"见不善，愀然必以自省也；善在身，介然必以自好也"[10]，"内省而外物轻矣"[11]，"然后皆内自省以谨于分，是百王之所以同也，而礼法之枢要也"[12]。

在中国的文化典籍里，修身与内省是重要的内容。王馥芸[13]对含3461部经史子集典籍的语料库的检索和数据分析显示，有1089条内容涉及自省。其中，内省的主要方法大致可以分为两类：第一，自察。以他人为镜子，自我检查。典型的例子如孔子的见贤思齐，郑清之的"万法从心当自省，个别冷暖有鱼和"等。第二，自讼。自己对照镜子，明确知错后的自我批判。如，"震者，动而不安也，咎谴责也，悔谓能见过而内自省也"[14]，"过大而心不知，诟积而无与语。或内视自省，辄兢惕不安"[15]。在内省的主要方法中，自察占比约为76%，自讼占比约为24%。

那么，针对什么进行自察和自讼呢？同样，与对人性善恶的认知一致，依然是针对认知与行为进行自察和自讼。在典籍中，针对认知的自省约占37%，针对行为的自省约占63%。对自省目标的进一步分析显示，自省内含三个层次递进的目标：改正过失、预防过失、提升自我。其中，改正过失的内容约占29%，如"引咎自省，方切兢兢"[16]。预防过失分为持守、警戒、谦己。在三者中，如果说持守和谦己是守己，警戒则是预防越界，是明确的自察，其占比约为32%，如"读者合诸期月之章而自省焉，则亦足以有警矣"[17]。提升自我分为加勉、进德、致知。在三者中，如果说致知是目标，那么，达成目标的途径便是加勉和进德。其中，加勉占比约为11%，进德占比约为16%，如"见前世道德之主，英明之王，则瞻之仰之，退而自省"[18]。

如要达成内省的目标，需要把自省转化为实践，而实践又可以划分为由内向外的三个层次，即个体、家庭、社会。通过对典籍自省内容的细致探讨，她发现，自省的内容落在六个行动类型之中，即德性、伦常、日常、生平、学识、政务等，前三者为一般，后三者为特指，是一个双重由内及外的结构。其中，德性如仁义礼智信等品性，伦常如君臣、父子、夫妻、兄弟、朋友等关系，日常如生活起居等关系，生平如自处自评等实践，学识如运用经典的实践，政务如涉公事务实践等。双重由内而外的结构也是受由己达人影响逐步展开的序列，且可以这样理解：德性是养成的本性；伦常是德性在初级人际关系中的实践；日常是由伦常拓展的实践，是常见场景的一般实践；生平是独自面对自己的实践；学识是面对特定场景的实践；政务是面对涉公场景的一般实践。在这六个行动类型中，涉及德性的占56%，政务占16%，学识占13%，伦常占8%，其他两者占比较小。很明显，德性为其他之先。在涉及的行动范围内，个体层次的占85%，社会层次的占12%，家庭层次的占2%，剩余其他占1%，这使对个体德性的强调再次获得了证据支持。个体层次正是个人修养，即修身。朱子说，"正心、诚意、致知、格物，皆是修身内事"[19]。如此强调个体修身成德，德性的价值又在哪里？典籍给出的答案是，在伦常、日常、生平、学识和政务等社会实践中。我看人看我，基础在自己，价值在社会，社会才是个体价值的一面镜子。

综合这些数据，可以捋出一条中国文化里的内省逻辑，即以自察为基本手段，通过改过、预防、提升来修身，并将内化的善转化为日常实践，在自处、家庭、邻里、朋友、同事、政务活动中予以贯彻。这便是中国文化里的思维习惯，指导中国人的无意识社会行动。用当下语言说，中国文化主张自律。在自律中更主张培养随时自我检查的习惯，有过错后用自我批判进行补救。

内省不只存在于中国文化传统中，也是当代中国人面对现实社会的思维习惯。费孝通的"我看人看我"给我们提供了一个典范，类似的例子也几乎俯拾即是。

与西方人的"以牙还牙"(tit for tat)不同,中国人习惯以他人对待自己的态度和行为来形成对自己行为的判断。我看人看我,不是像拍皮球一样的弹跳式反馈,而是基于内省的操守,一个极端的行为便是"以德报怨"。

二、人看我看人

既然我们会对他人对我们的态度和行为产生习惯性的反应,他人也会对我们对他们的态度和行为产生习惯性的反馈。在中国文化里,我看人看我和人看我看人其实是人己关系的一体两面,如果说前者是正面,后者便是反面。如果说我看人看我是自己凭内省思维习惯可以控制的态度和行为,那么,人看我看人便由不得自己控制,是他人对我们的反馈。我们怎么判断他人和社会对我们的态度及行为会产生怎样的反应呢?

在现代心理学中,一个人将自我投射到未来场景,预先体验可能发生场景的能力,被称为场景预见。人看我看人,便是一种场景预见,是人习惯性地对未来场景的建构。心理学实验研究表明,场景预见能力是随人从幼儿开始的成长逐步发展的。三岁儿童根本分不清当下的自我与未来的自我,却可以分清当下的他人与未来的他人。[20]还有研究显示,如果当前场景与未来的不一致,那么,人们对现在状态的认知或对现在场景的习惯,便很容易对未来的预见产生消极的影响。不仅儿童如此,成人也很难避免。[21]

现代心理学的研究结论让我自然想起孔子说的,"夫仁者,己欲立而立人,己欲达而达人"[22],"己所不欲,勿施于人。在邦无怨,在家无怨"[23]。在一个倡导为善的社会中,人们会用当下的场景来推演自己在未来场景(如他人对待自己的态度和行动)中可能产生的反应,从而决定自己应该如何行动。在社会学中,这被称为反思(身)性行动(reflexive action)[24]。孔子为这类行动建立了两个标准:自己需要的,只有"立"

第一章
推己及人的思维习惯

或是"达",才可以加诸他人和社会;自己不需要的,不可以加诸他人和社会。在后人的体悟和归纳中,这两条标准被称为处理人己关系的黄金准则,即"推己及人"。

说到推己及人,我又想到费孝通的同名文章[25]。这篇文章是费孝通为潘光旦先生一百周年诞辰而写。那年,按照南方人的传统,他也虚岁九十了。费孝通指出,他和潘光旦之间有差距,一代人和一代人之间也有差距,那么,差在哪里呢?费孝通以为,差在一个字上,那就是孔子说的"己"。

学者们对"推己及人"中的"己"有各种观点。胡适认为,"只要认定我与人同属的类——只要认得我与人的共相——便自然会推己及人"[26],他引用孟子的"老吾老,以及人之老;幼吾幼,以及人之幼"来说明,老和幼都是类属。用当下的话说,属于组内。组内具有相同的属性,可以类推,因此,"己"指的是具有相同属性的类属。冯友兰讲,"'推己及人'之所以能推,就是以为它不是出于私心,而是出于公心","没有私心就可以'推己及人'"。[27]这说的也是类属,即大多数人的共同属性。任继愈则以为,己是个人,是要将现实生活的人己关系装进中国文化里付诸实践,"推而广之,使人自觉遵守"[28]。

我倒认为,这些认知有些解释过度。在中国文化里,尤其在口语化讨论的记录中,并没有如今科学推理那样的严谨逻辑,而是谈话场景下的"情景性认知"。费孝通倒是深谙其意,他说,"决定一个人怎么对待人家的关键,是他怎么对待自己","一事当前,先想想,这样对人好不好呢?那就先假定放在自己身上,体会一下心情"。[29]在体会中,首先需要知道"不能知己,就无从'推己'。不能推己,如何'及人'?"[30]。费孝通认为,潘光旦在自己的言行中做到了"推己及人",他自己没有做到,下一代人是否还能理解,就更不知道了。

费孝通也许有些悲观。原因很简单,因为他跟一些大儒有几十年的交集,他的镜子是大儒,不是普通人。标准高了,要求自然也高了。我想说的是,"推己及人"

虽是黄金标准，可在现实生活中也是有层次的。张岱年在讨论"当然"时曾经指出，人们在生活中以为的"当然"其实是推己及人时的选择，从利害关系到生命取舍，其中的一类选择便是人己关系，它也是人最基本的选择。[31] 在人己关系中，除孔子倡导忠恕以外，还有墨子讲兼爱，以及孟子讲互爱，"爱人者人恒爱之，敬人者人恒敬之"[32]。儒墨道法都有自己的爱人之途，分歧中的共识依然是主张"情景预见"。

不仅选择有层次，关系也有层次。人己关系内含人与人之间、人与群体之间、人与社会之间、人与国家之间多个层次的关系。推己及人，首先指的是人与人之间的关系，孔子讲的大多在这个层次。仁，是这个层次的最高标准，既肯定自己，不为难自己，又要承认他人，在习惯性地对他人施加态度和行动之前，可以先放在自己身上试一试。这便是推己及人的本意，也是人看我看人的试金石。

人己关系的另一个层次是群己关系。人与人关系之外的其他关系可以统称为群己关系。"人伦"或"五伦"，

人看我看人

赞扬他人,是给了一面让他人看到他自己的镜子,也在那里立了一面可以观察自己留给他人影像的镜子。

即君臣、父子、兄弟、夫妇、朋友,是群己关系的基础关系。与对人性的讨论一样,孟子把"爱人"直接落实到了五伦,针对五伦的亲疏远近,又区分了亲、仁、爱三个层次,对血亲亲,对人民仁,对万物爱。[33] 孟子以为,如要做到亲仁爱,还得自己是个大丈夫。"居天下之广居,立天下之正位,行天下之大道。得志,与民由之;不得志,独行其道。富贵不能淫,贫贱不能移,威武不能屈,此之谓大丈夫。"[34] 无论是否得志,成为大丈夫才是立家之本、立国之本、立天下之本。

推己及人地人看我看人,看似情景预见,实则是中国文化里内省的另一种形态——同理心(empathy)。在心理学中,同理心指个人能主观体验到别人内省的感情,体验他人的精神世界就好像体验自己的精神世界一样。在我看来,孟子的老吾老和幼吾幼似乎比这个定义更容易理解,它是中国社会的日常生活实践,是中国人从幼时歌谣里习得的思维习惯。较之马克斯·韦伯(Max Weber)的移情理解(Einfühlung)、阿尔弗雷德·舒茨(Alfred Schutz)的主体间性

(inter-subjectivity),以及尤尔根·哈贝马斯(Jürgen Habermas)的双向理解(dialogical understanding)等更加具有生活的气息。[35]

三、被教化的思维

儿歌真的能塑造我们的思维吗?社会学的研究结论表明,它是形成人们思维的力量的一部分,不是全部。心理学把一个人从出生到性格养成的经历称为人格发展过程。在人己关系的思维形成中,对自我的认知、对他人的认知以及对自我与他人关系的认知,都发育和形成于这个阶段。

在对"己"的认识中,西格蒙德·弗洛伊德(Sigmund Freud)[36]认为,人其实有三个"己"。人天生具有本我(id),它是寻求自我满足感的内驱力。婴儿的本我表现在感到饥饿时会哭。在人的一生中,本我一直存在,驱动着基本需求的立即实现:关注、安全、食物、性等。然而,满足一个人的本我便会与他人(特别其父母)对本我的满足产生矛盾。于是,弗洛伊德讲的自我(ego)便出现了。自我是本我和限制本我之社会需要的平衡力量,同时也负责平衡本我和第三个"己",即超我(superego)。超我代表了内化于心的社会文化、群体规范和价值,是人格中的社会道德成分。当人违反社会规范时,超我会唤起其负罪感和羞耻感;当遵从社会规范时,则会唤起骄傲感和自我满足感。当本我失控时,人们会追逐享乐,破坏社会规范;当超我发展过度时,人们会因为过度遵从社会规范而将自身束缚得动弹不得;自我作为一种平衡力量,试图阻止本我或超我占据主导地位。

如果我们认可弗洛伊德对"己"的分析,便会马上提出一个问题:良心是从哪里来的呢?心理学家让·皮亚杰(Jean Piaget)[37]认为,儿童的认知有不同的发展阶段。0—2岁为感知运动阶段,婴儿通过环境接触如吮吸、触摸、视听来获得认知。此时,婴儿还不能把自己的身体与环境相区别,他们甚至都没发现自己有脚趾。2—7岁是前理解（推理）阶段，儿童发展出运用符号的能力，但还没有形成认知事物的概念，如大小、速度和因果关系。他们对他人有认知，但是对自己与他人的区别还没有认知，不能扮演他人。7—12岁是具体理解（推理）阶段，儿童能理解大小、速度和因果关系，能扮演他人，只是思维还停留在具象阶段，无法讨论抽象概念，如真理、诚实、公正等。12岁便进入形式理解（推理）阶段，可以运用概念进行形式推演并获得结论，进行对错判断和情景预见，也就是中国人常说的心智成熟了。

那么，涉及人己关系的态度与行为的思维到底是怎样形成的呢？劳伦斯·科尔伯格（Lawrence Kohlberg）的研究[38]表明，幼儿无力区分人的态度和行为的对错。7—10岁为前习惯（preconventional）阶段，儿童常常会遵循社会规范，把让大人满意作为判断对错的标准，以免招致惩罚。10岁进入习惯（conventional）阶段，儿童开始建立起自己的对错标准，即父母们感受到的"叛逆"。在日常生活中，大多数人都会停留在习惯阶段。有些人则会进入后习惯（postconventional）阶段，思考对错的抽象原则，反思自己的习惯。

中国社会对教和养的实践与心理学对思维养成的认知形成了实践与科学的呼应表里。"教明于上，化行于下。"[39] "四海之内，莫不变心易虑以化顺之。"[40] "夫化者，贵能扇之以淳风，浸之以太和，被之以道德，示之以朴素。使百姓亹亹，日迁于善，邪伪之心，嗜欲之性，潜以消化，而不知其所以然，此之谓化也。然后教之以孝悌，使人慈爱；教之以仁顺，使人和睦；教之以礼义，使人敬让。慈爱则不遗其亲，和睦则无怨于人，敬让则不竞于物。……此之谓教也。"[41]

在中国文化里，教化是思维养成的社会实践，分布在个人成长的不同阶段和所处的不同场景。家庭、邻里、社会，是教化人的主要场景；伦理、道德与规范，是教化的主要内容。

在家庭教育中，父辈担负着对子辈的教育责任。"养不教，父之过"是《三字经》对家庭教养的社会归责。在民间，还有更加具体的表述，"养儿不教父之过，养女不教母之错"指导着家庭教育的性别分工。"教明于上"的传统甚至可以追溯至先秦,教育的核心内容则在人伦。周公诫伯禽、孙叔敖临终戒子、孔丘庭训等[42],其内容便是人伦教育中处理人己关系的基本准则。"君令臣共,父慈子孝,兄爱弟敬,夫和妻柔,姑慈妇听,礼也。君令而不违,臣共而不贰,父慈而教,子孝而箴,兄爱而友,弟敬而顺,夫和而义,妻柔而正,姑慈而从,妇听而婉,礼之善物也。"[43]这些处理人己关系的准则几乎涉及传统家族和居处社会的每一种人伦。父辈言传身教,给子辈将人伦规则"化"为思维和行为习惯的环境。

教育资源不仅记于圣人的语录,也遍存于生活的现实。"自孟子之少也,既学而归,孟母方绩,问曰:'学所至矣?'孟子曰:'自若也。'孟母以刀断其织,孟子惧而问其故。孟母曰:'子之废学,若吾断斯织也……。'孟子惧,旦夕勤学不息,师事子思,遂成天下之名儒。"[44]

父母的行为更是子女的榜样,父母怎样说和做,会影响到子女成长中思维习惯的形成。一个经典的例子如曾子杀猪。"曾子之妻之市,其子随之而泣。其母曰:'女还,顾反为女杀彘。'适市来,曾子欲捕彘杀之,妻止之曰:'特与婴儿戏耳。'曾子曰:'婴儿非与戏也。婴儿非有知也,待父母而学者也,听父母之教。今子欺之,是教子欺也。父欺子,而不信其母,非以成教也。'"[45]

走出家门,家族也是教化的场所。从先周始的家教逐渐累积,士绅官宦的家庭教化成为家族中其他家庭的榜样,从汉代开始逐渐形成了家训,后来把口耳相传的家训写出来以便传承渐渐成为一股社会风气。如马援的《诫兄子严敦书》、张奂的《诫兄子书》、诸葛亮的《诫子书》、颜之推的《颜氏家训》等,大约是人们很容易想起的。一部家训数万言,不再只包括人伦,而是涉及人这一世的方方面面,几乎是一部家庭教化的百科全书。

早期的家训,通常是建议性的。如何教,有赖各家的传统。唐之后,家训开始分化,部分家训也是家规和族规,从而变成了强制性约束条款。为执行家规族规,一些家族和家庭甚至设立了家法,形成了针对违

婴儿非与戏

从幼儿开始,人在各种场景被教化,没有无教化意义的场景。而教化发生在我看人看我和人看我看人的反复互动中。

背规则的惩罚机制,如刑罚;甚至还有负责执行刑罚的机构,如宗祠。教化不再只有以"教"化之,也包含以"训"化之了。家庭和家族对人伦乃至人生的教育的强制性让教化不再只是"雨露滋润",也有了"电闪雷鸣"。

无论是规模较小的聚落还是更大的抽象社会,早在百家争鸣的时代便已经成为一股强制性力量在影响着人的思维习惯。在人群聚落,无论村庄还是集镇,士绅作为教的代表,先读圣贤书,后做君子郎,始终代表着社会教化的主导力量。钱穆先生把中国自汉代以来的政权称为"士人政权",强调了士绅对社会的影响力。[46]他们提倡建立忠孝节义、尊卑有序的社会秩序,主张睦族和乡、忍让慎行的行为准则,倡导重农尚俭、务本安土的生产生活,以塑造社会向善且支持家庭和家族教化的社会环境。从汉代开始,人们居住的社区如乡里就已经是教化的场所,乡三老、里父老等人物便已担负起教化的职责。[47]到宋代,乡约制度的确立更是让乡村和集镇成了社会风气的汇聚空间,让传统的政治教化生活化。人们熟悉的《三字经》便是这类教化形式的开端，经明至清，这种生活化的教化形式日渐普及，几乎每一个涉及人己关系的场景都有通俗化了的话本、读本，如诸多家训，还有诸多通俗读本，如明代徐企龙编的《新刻全补士民备览便用文林汇锦万书渊海》里的《劝谕门》《杂览门》，再有如《明心宝鉴》《太上感应篇》，还有如王达的《笔畴》，程登吉的《幼学须知》，黄佐的《泰泉乡礼》，李毓秀的《弟子规》，还有《增广贤文》等。

在传统中国社会，从家庭到社会，逐渐形成了诗、礼、乐、法、不言等系统的教化方式。而居住的聚集性和长距离交通的不便，使得教化呈现为群体内部的同质性和群体之间的差别性，进而让每一群体逐步形成了自己的教化传统。语言不通，礼俗相异，这便是"一方水土养一方人""十里不同音，百里不同俗"的由来。这种不同，随着长距离交通的便利化在逐步消弭，可从先秦至今始终存在，且还有诸多现实。《诗经》便记载了十几种不同的风俗。"邹人东近沂泗，多质实;南近滕鱼,多豪侠;西近济宁,多浮华;北近滋曲,多俭啬。"[48] "浙东多山,故刚劲而邻于亢;浙西近泽,故文秀而失之靡。"[49] "人性并躁劲,风气果决,包藏祸害,视死如归,战而贵诈,此则其旧风也。自平陈之后,其俗颇变,尚淳质,好俭约,丧纪婚姻,率渐于礼。"[50] "新安各姓聚族而居,绝无一杂姓掺入者,其风最为近古。出入齿让,姓各有宗祠统之,岁时伏腊,一姓村中千丁皆集,祭用文公《家礼》,彬彬合度。"[51] 类似的例子在典籍中的记载俯拾即是,汉代应劭的《风俗通义》便辑录了各地的风俗。如今,民俗学的研究对象便是各地不同的风俗;人们走出自己的长期居住之地,很容易就能体会到不同的语言、习俗、风情。

如果只有各地的风俗,大概不会有共识的思维方式。中国社会的精妙之处还在于,中国人有共同的推己及人的思维方式。不同之和的机制关键在于,在五彩纷呈的差异风俗之上,更有总体性的社会伦理。无论是儒墨道法,还是外来的各类宗教,只要在中国的,都贯串了一个基本倾向,那就是以内省为基本形式,以人己关系的情景预见为基本场景,以"致中和"[52]为基本目标的教化,这是一种指向社会向善的系统性教化。各地语音不同,行为各异,风俗有别,可贯彻的依然是"仁义礼智信"的中国文化内核。这便是相异中的大同,是从家庭到国家对每一个人从生到死的教化。

教化塑造了中国人留存至今的思维形式。

四、推己及人的逝去

在《推己及人》中,费孝通说自己与潘光旦已然不同。"潘先生这一代知识分子,……对于怎么做人才对得起自己很清楚,对于推己及人立身处世也很清楚。"而自己,"做法不同,看法不同"。费孝通指出:"我这一代人……要在人家眼里做个好人,……要个面子。……所以很在意别人怎么看待自己。潘先生比我们深一层,就是把心思用在自己怎么看待自己。"[53]

第一章
推己及人的思维习惯

可在我看来,内省思维一定指向以他人对自己的评判为依归。在如今这个高度互联的时代,我们都在意别人怎么看自己。即使是从前,潘先生也在意别人怎么看待自己。问题是,为什么同样在意自己在别人眼里的形象,做法却不相同呢?关键在于"别人"变了。

在教化传统和文化的形成中,中国在相当长的一段时间内有一个非常稳定的社会结构。这个结构的基本框架是士农工商"四民"的身份结构,社会依据身份赋予了四类群体不同的社会声望和向上流动的机会。任一群体内部的社会成员都非常明确自己的升迁路径和流动机会,内省的标准非常明确。以"农"为例,从秦汉开始,个人便有机会通过举荐的方式踏上仕途。被举荐的人自然是他人眼里的"可造之才"。而要成为被举荐之人,自然会在意他人眼里的自己是不是"好人"。即便后来有了科举,个人能力在升迁机会获得中占据了相当分量,甚至也是他人评判自己的重要筹码,可最终中举与否依然依靠他人评判。

能够走上仕途的毕竟是凤毛麟角。传统社会的聚居格局、生产方式和交通条件,使得大多数人从生到死都生活在一个社会关系非常稳定的交往结构中。无论是家族性还是杂居性聚居,无论是村落还是城镇,在相对稳定的交往结构中,相互熟悉的人更容易对彼此形成刻板印象,从而获得别人对自己相对稳定的评价。在一个社会向善的整体环境中,他人的评价直接决定了自己的地位和声望,也决定了自己升迁的机会,还会影响到自己的家人或家族。在这样的社会环境中,人怎么可能不在意他人的看法呢?

那么,为什么我们做不到像潘光旦那样用自己看待自己的标准来内省和行动呢?在我看来,正是维系推己及人的环境条件变了。在传统中国社会,推己及人之所以能发挥效用,成为中国人处理人己关系的黄金准则,正是因为中国社会结构和中国人交往结构的高度稳定性。每个人的推己及人带来的是其观点和行为的可预见性,情景预见可以充分发挥作用。由此,也带来了社会秩序的稳定与平顺,让社会之善成了每个社会成员乐见的环境。

第一章
推己及人的思维习惯

费孝通问潘光旦

场景虽异,礼应该还在,形式的礼可以消失,内心的礼却当永存。人的修养是社会性的内在化,礼是其中之一。

费孝通的"观点不同"和"做法不同",不是因为他不愿意推己及人,而是即使他想的和做的与潘光旦一样,也不会让自己像潘光旦那样受人敬仰。问题在于,时代变了,他的身边没有像在潘光旦身边的那些人——同质性的儒生。费孝通身处的是一个正在走向异质性的社会。人们不再是从生到死都生活在一个村落或城镇,一辈子要经历很多无法按传统教化进行情景预见的人、事务、场景。以费孝通为例,他经历了晚清帝制的传统社会,民国战争,社会主义计划经济和市场经济,经历了中国从封闭迈向开放的变化。每一个变化都意味着"人"的变化,人们无法依据一成不变的"己"来推演万变的"人"。

在万变的"人"中,有人群的异质性,更有与人群相伴随的思维方式的异质性。20世纪80年代之前,中国社会的人口很少流动。随着市场化和工业化的发展,人口流动成为常态。依据第七次中国人口普查的数据,人户分离人口为4.9亿人,其中,流动人口为3.8亿人。居住在城镇的人口为9.0亿人,占总人口的63.9%。[54]

人口的流动格局和城镇化的快速发展意味着不少人口生活和工作在陌生人的环境中，依靠家庭、家族、邻里、乡里的教化失去了落实的条件，传统社会的内省思维方式也正在失去其欣赏的"别人"，自然也失去了存在的土壤。

数字技术的社会化应用让人们的社会交往范围进一步扩大。在世界范围内，尽管还有约四成人口没有机会使用数字社交媒体，可在中国，移动终端的普及几乎让每一个人都卷入在线社交网络。后果是，每一个人都处于高度异质化的社会情境中，即使是身边的人，也有可能与自己三观不同。在日常生活中，人们抱怨孩子越来越难管，父母越来越难伺候，配偶越来越难沟通，正是教化之"化"消逝，基于家庭、社区、人群的"礼"正在失灵的明证。

此时，让我回头思考推己及人的社会意涵。如果把推己及人放在实践的社会场景中，意味着在局部的共同体中，人们借助共识来理解彼此的思维与行动。同时，也把自己放在场景之中，推演他人的思维与行动，达成"己"与"人"之间相互的理解与默契,减少社会冲突,促成社会的秩序稳定与和谐,实现社会之善。

简言之,推己及人是以整个社会共有价值观为基础、以村社乡里等地方性共同体为范围,把个体放在与他人的关系中的思维方式。可如今,这样的共同体正在消失,人们的活动不再以局部共同体为依归,正在转向以自我为中心、把个体放在世界中心的思维方式,推动这个转变的正是人己交往范围的扩大和从合作转向竞争的人己关系。

对"人"的陌生使得人们很难从"己"出发进行情景预见,也让推己及人的中国思维面临现实挑战,它的底线则是整个社会共有的价值观,似乎这一点还扎根在每一个人的心里。

注释

1　费孝通:《我看人看我》,《读书》1983年第3期,第99—103页。
2　王树人:《中国传统思维方式基本特征辨析——中西文化比较研

究之一》,《学术月刊》1990年第2期,第1—5页。在文章中,王树人将中国传统思维习惯归纳为三个特点:从整体与直观出发,强调内省和体悟,经验的辩证观。其中,对内省的认识与我这里的讨论一致,体悟更多涉及道家思想,这里存而不论。

3 《论语·学而》。

4 《论语·为政》。

5 《论语·里仁》。

6 《论语·颜渊》。

7 《论语·季氏》。

8 《孟子·离娄下》。

9 《荀子·劝学》。

10 《荀子·修身》。

11 同上。

12 《荀子·王霸》。

13 参见王馥芸:《中国成年人自省人格的结构与测量》,西南大学博士学位论文,2018年。这里对于典籍内容的数据引用,均源自此。

14 俞琰:《周易集说》卷二十八。

15 方孝孺:《逊志斋集》卷十。

16 楼钥:《攻媿集》卷四十八。

17 卫湜:《礼记集说》卷一百二十五。

18 张九成:《横浦先生文集》卷十二。

19 黎靖德编:《朱子语类》卷第十四。

20 参见刘岩、王静、张晓燕:《幼儿的自我投射能力对情景预见的影响:来自典型发展儿童和孤独症谱系障碍儿童的证据》,《心理发展与教育》2017年第6期,第649—657页。对心理发展的系统认知可以参阅皮亚杰:《发生认识论原理》,王宪钿等译,商务印书馆2009年版。

21 C. M. Atance and A. N. Meltzoff, "Preschoolers' Current Desires Warp Their Choices for the Future," *Psychological Science,* 2006, 17 (7): 583-587.

22 《论语·雍也》。

23 《论语·颜渊》。

24 可参见皮埃尔·布迪厄、华康德:《实践与反思——反思社会学导引》,李猛、李康译,中央编译出版社1998年版。

25 费孝通:《推己及人》,《读书》1999年第12期,第21—24页。

26 胡适:《中国哲学史大纲》上卷,商务印书馆1936年版,第112页。

27 冯友兰:《中国哲学史新编》上,人民出版社1998年版,第157页。

28 任继愈主编:《中国哲学发展史》先秦卷,人民出版社1983年版,第184页。

29 参见费孝通:《推己及人》,《读书》1999年第12期,第21—24页。

30 同上。

31 参见张岱年:《论当然》,《北京大学学报(哲学社会科学版)》1996年第5期,第73—78页。

32 《孟子·离娄下》。

33 参见张岱年:《中国伦理思想的基本倾向》,《社会科学战线》1989年第1期,第61—66页。

34 《孟子·滕文公下》。

35 韦伯、舒茨、哈贝马斯等理论家的核心概念,这里不另注明出处。有兴趣的读者可以依据括注的英文搜索相关文献。

36 弗洛伊德的自我理论,可以参见弗洛伊德:《释梦》,孙名之译,商务印书馆1996年版。

37 皮亚杰的认知发展阶段论,可以参见皮亚杰:《发生认识论原理》,王宪钿等译,商务印书馆2009年版。

38 参见L.科尔伯格:《道德发展心理学——道德阶段的本质与确证》,郭本禹等译,华东师范大学出版社2004年版。

39 《列子·说符第八》。

40 《荀子·儒效》。

41 李延寿:《北史·苏绰》。

42 参见翟博主编:《中国家训经典》,海南出版社2002年版。

43 《左传·昭公二十六年》。

44 刘向:《古列女传·母仪传·邹孟轲母》。

45 《韩非子·外储说左上》。

46 参见钱穆:《中国历代政治得失》,生活·读书·新知三联书店2018年版。

47 张信通:《汉代里的教化职能》,《东岳论丛》2016年第11期,第22—30页。

48 《(雍正)山东通志》卷二十三。

49 《(雍正)浙江通志》卷九十九。

50 魏徵:《隋书》卷三十一志第二十六。

51 赵吉士:《寄园寄所寄》卷十一。

52 参见李亦园:《致中和——论传统中国乡民的基本价值取向》,载北京大学社会学人类学研究所编:《东亚社会研究》,北京大学出版社1993年版。

53 参见费孝通:《推己及人》,《读书》1999年第12期,第21—24页。

54 国家统计局:《第七次全国人口普查公报(第七号)——城乡人口和流动人口情况》,2021年5月11日。

第二章

和而不同的社会习惯

第二章
和而不同的社会习惯

内省的思维习惯造就了中国人对他人与他人社会特征的期待。那就是，基于共同认同的目标，期待自己的努力获得平等对待，期待他人和社会也是内省的。我们可以想象一个场景，每个人身份不同、地位不同、职业不同，可每个人都持有相同的思维习惯——推己及人。人己之间、人与社会之间，都能相互尊敬、友好相处，氛围和睦。这便是中国文化里时常出现的修己安人、和而不同的社会场景。在中国几千年的历史中是否真正出现过这样的社会，如今已不得而知。我们知道的是，孔子的修己安人不只是他个人的想象。他对礼崩乐坏发出的叹息正说明在中国文化的血脉里有一个共同理想，那就是和而不同的社会，也是中国人观察世界和理解世界的社会习惯。

一、修己与安人

如果说中国人处理人己关系的思维习惯是孔子的推己及人,那么,推己及人的起点和终点则是做人之"仁"。孔子不论人之本性,却提出了做人的核心是"仁"。有意思的是,在《论语》中,第一次出现的"仁"不是孔子说的,而是有子。有子是孔子的弟子,在孔子面前,有子说,"孝弟也者,其为仁之本与"。接着,孔子说,"巧言令色,鲜矣仁"。以家庭的人己关系为起点,孔子明确主张,"弟子入则孝,出则弟,谨而信,泛爱众,而亲仁"。[1] 在他看来,只有基于"仁",推己及人才有意义,才可以塑造人性之善和社会之善。只有"仁者爱人",对他人的善才是建立社会之善的起点,也是人性之善的终点和意义所在。

那么,如何得仁呢?在百家争鸣中,儒家的修己安人逐渐成为社会倡导的达成社会之善的途径。[2] 子路曾问孔子,怎样才算是一个君子,孔子答,"修己以敬","修己以安人","修己以安百姓"。[3] 沿袭社会之仁的思

第二章
和而不同的社会习惯

维方式，孔子认为，修己是成为君子的必经之路。一个人是否是君子，不是自己评价的，而是用社会后果检验的。内省是手段而不是目的，修己是安人的前提，敬、安人、安百姓才是检验修己成果的试金石。如果修仁得成，则必定是"老者安之，朋友信之，少者怀之"[4]，是每个人都期待的社会图景，也是社会的理性。

可在现实生活中，我们常常可以体会的是，自己身边的人不喜欢被管，更不喜欢被连自己都管不好的人管。不喜欢被管，是因为在中国人的思维习惯中人不应该被管，自省才是做人的应有之义，自己应该管好自己。如今，我们甚至把这样的思维习惯推而广之，用在了主权国家之间的关系中。抱怨连自己都管不好还管人，便意味着人都希望与自己修为相当的人相处，也意味着人都期待人己之间"仁"的水平是一致的，至少是相当的。因此，修己不仅是自律，也是社会之善的要求。

可如何修己呢？中国文化更多采纳了儒家的观点，"修己"是以君子的标准修造自己，"求仁得仁"，而不是改造他人。这也是当下西方人最容易误解中国人之处。西方人认为,中国人只愿意管好自己的事儿。且据此批评中国自私,中国人自私。殊不知,中国或中国人的思维习惯是期待众生平等、期待各自管好自己的事,期待因各自管好自己的事而彼此相安,也因此形成了中国人的社会习惯。为管好自己的事,"求"便是学,学是"知礼",是把自己放进君子评价框架的第一途径。好学多思、自我反省、知过必改、慎言敏行、择善慎友等,是达成知礼的具体手段。

"学而时习之"[5],"吾尝终日不食,终夜不寝,以思,无益,不如学也"[6],"好古,敏以求之者也"[7]。在孔子那里,学习是建立修己标准的基础,与其终日思考,不如开卷学习。即使是思考,也应该是自省式的,"见贤思齐焉,见不贤而内自省也"[8],"择其善者而从之,其不善者而改之"[9],"内省不疚,夫何忧何惧"[10],"不患无位,患所以立"[11],"君子求诸己,小人求诸人"[12]。具体方法是,先树立标准——"仁";面对标准找差距,对照标准自我评判,仁立则自立,

第二章
和而不同的社会习惯

自立则不惧他人评价。可人非圣贤,孰能无过?如果有过,知过能改,善莫大焉!"过,则勿惮改。"[13]"过而不改",必将堕入不归深渊。

无论是学习、自省还是自讼,都无法回避人的社会性,人总会表达自己的观点,评判遇到的人和事。孔子以为,正确的姿态是"敏于事而慎于言"[14],"先行其言而后从之"[15],"君子耻其言而过其行"[16],"其言之不怍,则为之也难"[17],夸夸其谈绝非君子所为,知行合一、先行后言是自省的行为准则。人的社会性让人不仅能表达观点,还可以加入社会,与人交往交流。孔子又提出,"君子矜而不争,群而不党"[18]。如果一定要交友,则有三种人可交,三种人不可交,"益者三友,损者三友。友直,友谅,友多闻,益矣。友便辟,友善柔,友便佞,损矣"[19]。唯如此,人为君子,方可立于天地、立于社会、融入社会。

修己的目的不是自独,而是与人相处,让自己处于社会之中。"安"是个人理想、家庭理想,也是社会理想。人们通常说的"不患寡而患不均,不患贫而患不

益者三友

虽近朱者赤近墨者黑，然修己是社会的思维习惯形成的根基。人的独立性首先体现在修己形成的对他人、对社会的独立见解上。

安"[20]，便是对"安"字运用的日常之意，指心平人安宁。孔子的安人，就人己关系而言，意指自己的思考与行为让人得以安宁。"子游问孝。子曰：'今之孝者，是谓能养。至于犬马，皆能有养。不敬，何以别乎？'"[21]在孔子看来，子孝不只是在物质上满足父母的需要，真正的孝是让父母受到尊敬，敬是安的前提。敬，即从心底的畏。"君子有三畏：畏天命，畏大人，畏圣人之言。小人不知天命而不畏也，狎大人，侮圣人之言。"[22]这大概也是孔子说的"修己以敬"的本意吧。

敬，只是态度，在行动上又如何安人呢？在中国文化里，自正己身和知人善任是安人的基本措施。自己的形象如何，会直接影响"安人"的效果。孔子指出："政者正也。子率以正，孰敢不正。"[23]"苟正其身矣，于从政乎何有？不能正其身，如正人何？"[24]中国人常说，以身作则，正是用自己的言行作为他人的榜样以达到"安人"的目的。在中国俗语里，"上梁不正下梁歪"也是这个逻辑。在自正己身的基础上，知人善任则是"安人"之"仁"的社会传递过程。"举直错诸枉，则民服；举枉错诸直，则民不服"[25]，"众恶之，必察焉。众好之，必察焉"[26]，"君子不以言举人，不以人废言"[27]，"听其言而观其行"[28]，"可与共学，未可与适道。可与适道，未可与立。可与立，未可与权"[29]。每个人修身程度有差异，能力有差异，思维与行为有差异，在孔子看来，这些都不重要，重要的是看他怎么做，行动是"仁"的最终表现，也是评价"安人"效果的黄金标准。

千百年来，我们传承着修己安人，是希望看到像孔子说的"其身正，不令而行"[30]，以实现在礼治社会可见的理想社会图景，"大道之行也，天下为公。选贤与能，讲信修睦。故人不独亲其亲，不独子其子，使老有所终，壮有所用，幼有所长，矜、寡、孤、独、废疾者皆有所养"[31]。在这样的社会里，人己诚信，平等相待，仁爱友善，和睦相处，选贤任能，富庶安康。直到如今，我们依然在讲"幼有所育、学有所教、劳有所得、病有所医、老有所养、住有所居、弱有所扶"[32]，其实，这也是对中国传统社会理想的继续追寻！

二、和而不同

直到当下,修己安人依然是中国社会的思维习惯的基础,也是追寻理想社会的起点。可是,我们不能不正视他人与自己的不同。每个人的出身不同、家庭不同、成长环境不同、接受的教育不同、进入的职业场所不同,对人和事物总会有不同的理解和不同的观点,也会有不同的行为方式,面对的利益也会不同,做出的选择也不相同,甚至连"三观"和人生理想都有不同,又如何修己以安人呢?孔子说:"君子和而不同,小人同而不和。"[33] 在中国文化里,我们是坦然面对不同的。孔子认为面对"不同"采取的态度正是区分君子和小人的标准。

"和"首先是承认异,承认"不同"。朱熹认为,"和者,无乖戾之心。同者,有阿比之意"[34]。如果不存在针锋相对的对抗性、利益上零和博弈之不同,则"和"是人们乐见的和谐之境。齐景公曾问晏子:"和与同异乎?"晏子对曰:"异。和如羹焉,水火醯醢盐梅,以烹鱼肉，燀之以薪。宰夫和之。齐之以味，济其不及，以泄其过。君子食之，以平其心。君臣亦然：君所谓可，而有否焉，臣献其否，以成其可；君所谓否，而有可焉，臣献其可，以去其否。是以政平而不干，民无争心。"[35]一句"和如羹"，把可容之不同的和谐状态刻画得惟妙惟肖，也为君臣不同之和提供了参考的标准。

对"和"的憧憬在中国文化里有着悠久的历史。甲骨文里就有"和"字。《说文解字》中，段玉裁对"和"的注解是"古唱和字不读去声"，指音和。音和则谐。可为什么要"和"？史伯说："夫和实生物，同则不继。以他平他谓之和，故能丰长而物归之。若以同裨同，尽乃弃矣。"[36]意思是，如果异质性事物相济相应，则和；如果同质性事物相遇相加，则不继。

对"和"的倡导更是儒墨道法的共识。有子说："礼之用，和为贵。"[37]孟子以为："天时不如地利，地利不如人和。"[38]老子也讲"知和曰常"[39]。《礼记·中庸》有"和也者，天下之达道也"，"万物并育而不相害，道并行而不相悖，……此天地之所以为大也"。即使是仇家,张载也认为"有象斯有对,对必反其为;有反斯有仇,仇必和而解"[40]。

对"和"的认知与运用,甚至成了中国社会的基本价值取向。费孝通曾指出:"一个团体的生活方式是这团体对它处境的位育(在孔庙的大成殿前有一块匾额写着'中和位育'。……)位育是手段,生活是目的,文化是位育的设备和工具。"[41]李亦园以此为题指出,"中和位育"代表了中国文化的精髓,它不仅存在于士绅阶层,民间信仰中的调阴阳、和五行,都是这一观念的具体体现,包括了对时间和空间的天、内和与外睦的人以及人际与神明的社会系统。凶吉、风水、冷暖、荤素,无不以"和"为宗旨。"致中和"以为兴"位育"。[42]

铭记"和而不同",经历几十年的思考和孕育,费孝通在晚年提出了"各美其美,美人之美,美美与共,天下大同"的"四美"句,可以作为对"和而不同"的当今阐释。1988年,费孝通出版《外访杂写》。这本小书收入了30篇短文,前后跨越四十多个年头,涉及多个国家和地区。游历在外,自然是"不同"。回顾近

和而不同

承认异,是相互理解,是和的基础。没有和的异是标新立异,没有异的和是随声附和。

第二章
和而不同的社会习惯

半个世纪见到的不同,费孝通说,世界在变,人们对世界的看法也在变。不同时期写下的篇章,呈现出的不仅是变动世界的一些镜头,更是大千世界里人们的日常生活。费孝通问自己:这个世界,"这么多人,怎样能和平相处,各得其所,团结起来,充分发挥人类的潜力"?在人类社会迈向全球化的进程中,世界倒是多元一体了,可多和一之间还没有协调好,相互不理解,相互不容忍,于是他提出了"各美其美"。1989年,他参加"21世纪婴幼儿教育与发展国际会议"时进一步提出了"美人之美";1990年,他在日本接受福冈亚洲文化奖时则进一步阐述了在面对不同之时如何做到"和",做到"各美其美"和"美人之美"。直到1996年,他在《东方文明与二十一世纪和平》中完整地阐述了自己对人类社会多样性的观点——"各美其美,美人之美,美美与共,天下大同"。费孝通的四美句至少意味着在现代人的处世准则里,和而不同依然是一种追求。

的确,正如张岱年所说,"万物并育而更相害,道并行而亦相悖",也是举目可见的社会现实。市场经济的发展,让人与自然的和谐始终面对挑战;国家之间的利益冲突,让人与人之间的和谐也不断面临危机。正是在这样的现实面前,张岱年提出"万物并育而不相害,道并行而不相悖"应该是人类追求的理想境界。[43]在西方人看来,"和而不同"更是乌托邦。[44]

先秦即有"和同之辩","和"与"同"牵扯的是一段跨越千年、涉及中外的历史与现实故事,史书曾专门记载过刘梁对"和""同"的专门讨论。[45]对故事中的是非曲直,我们并不打算展开讨论。事实是,一个地区生计、传统的开放程度,在日积月累中实实在在地影响着人们的处世准则。中国人生计的艰辛让绝大多数人向往和颂扬社会和平与和谐,借以消除冲突与灾荒带来的困苦,指明未来生活的希望。传统社会的封闭性让不同地区的人对"和"有自己的理解,且形成了地区性传统。有人对中国水稻产区和小麦产区的文化进行宏观分析后发现,水稻产区在文化上有着更高程度的合作性,小麦产区则有着更高程度的独立性。[46]无论是合作性还是独立性,我们今天依然可以看到的是,2000多年的行政管理和组织管辖历史让中国社会的"局部"始终具有开放性,保持着一种对外开放的社会习惯。无论是民族(中华民族多元一体),还是文化,都保持着一种和而不同的社会习惯,几乎找不到因为"局部"差异而发生战争的例子。直到当下,在出现冲突时,无论是针对人己关系还是国与国之间的关系,"和而不同"依然是中国人经常引用的处世原则,也是人们坚信的、期待见到的、和谐的社会图景。

三、模仿的行为

"性相近也,习相远也。"[47]何谓"习"?发展心理学的研究表明,在每个人行为习惯的形成中,模仿是必然经历的阶段。不过,在12岁左右的叛逆期后,模仿对行为习惯形成的影响便发生了分野。影响分野最重要的因素是家庭、社区、社群、总体性价值观念等组成的社会环境。科尔伯格的研究[48]表明,10岁是儿童习惯形成阶段的开始。塔尔德[49]认为,"社会就是模仿",人的所有行为都是经由模仿习得的,社会中的每个人都在模仿着他人的行为,进而,社会中的行为都是在重复一些已经存在的社会行为。人们遵循模仿的斜坡法则,社会下层模仿上层;也遵循几何数量发展法则,一旦模仿发生,数量便会呈几何级数发展;还遵循先内后外法则,模仿也总是从群体内部开始向群体外部发展。有研究指出,人际关系的性别差异也是从这个阶段开始的,女性更习惯从他人那里获得评价,想知道自己的行动如何影响了他人。[50]

在社会学的知识共识里,支配人类行动的除了理性还有情感。研究也表明,支配行动的情感不纯粹是生物性的,社会是人类情感表达方式的重要影响因素。一位人类学家对多个国家的研究结论[51]指出,每个人都会体验到六种基本情感,分别是生气、厌恶、害怕、幸福、悲伤、惊奇,人们在表达这六种情感时的面部表情基本相似,这六种情感因此也被称为生物性情感。可面部表情只是情感表达非常有限的一部分,更加丰

第二章
和而不同的社会习惯

富的情感表达则来自家庭、社群、社区以及总体性价值观念的塑造。

如果对比金斯利·戴维斯（Kingsley Davis）的研究[52]，我倒以为，即使是六种基本情感，也是社会塑造的。1938年2月6日，《纽约时报》报道了一则故事。在美国宾夕法尼亚州的一个农庄，社会工作者发现了一名5岁的女孩，她的名字叫安娜（Anna）。安娜衣着肮脏，面无表情，手臂和双腿消瘦得像火柴棍。安娜的母亲患有精神疾病，她母亲未婚生下了她。安娜的外公对女儿未婚生育非常愤怒，因为未婚生育是一件非常丢脸的事。为了不让安娜的外公生气，母亲把安娜安置在家二楼的储藏间，给她足够的牛奶来维持生存，却没有更多的机会照顾她。安娜在储藏间度过了漫长的五年。社会学家戴维斯刚见到安娜时，憔悴的安娜不会大笑，不会说话，甚至不会微笑，对他人的交流欲求没有任何反应。直到1942年8月6日安娜去世，她也只是学会了说话。安娜的故事说明，没有社会交流，便没有基本情感。

当把社会科学研究结论带回中国传统和人的生命历程时，便会发现12岁左右正是中国家庭和学校对个人行为管教最密集的阶段。在这个阶段，成年人的教导和孩子们的实践都指向同一种行为习得方式——模仿。在学校里，学生背诵、临摹、抄写、重复演算、不断练习，是模仿；在家庭中，孩子被教导守规矩、学先贤、参照他人做出行动，也是模仿。家庭和学校的约束与教育，都是从以他人为榜样开始的。

在模仿榜样的进程中，道、法、术同时演进。得道必先立志，模仿榜样优先模仿的是榜样的志向。孔子说："三军可夺帅也，匹夫不可夺志也。"[53] 墨子说："志不强者智不达，言不信者行不果。"[54] 荀子说："无冥冥之志者，无昭昭之明；无惛惛之事者，无赫赫之功。"[55] 朱熹说："书不记，熟读可记；义不精，深思可精。惟有志不立，直是无着力处。"[56] 儒墨道法的共识是，志向是指导行为的基础，也是模仿的精髓。

在立志的基础上，博闻、审问、慎思、明辨、时习、笃行，则是模仿之法。"习与性成"[57]，"君子如

第二章
和而不同的社会习惯

模仿与叛逆

模仿是"和"的一种形态,叛逆则是塑造自己"异"的一种努力。两者之间的平衡是个体与社会关系的内在平衡。

欲化民成俗，其必由学乎"[58]。学习的初始阶段是选择模仿的对象，孔子指出，"多闻，择其善者而从之，多见而识之，知之次也"[59]。模仿的重要方式是"学而时习之"[60]，"温故而知新"[61]，"思过，读过，总不如学过。一学便住也终殆，不如习过。习三两次，终不与我为一，总不如时习，方能有得"[62]。归纳古典文献对模仿的探讨便会发现，"习"是有前提的模仿。除了立志，还有博闻与选择，选择与质疑，质疑与判断，判断与比较，经过这些独立的过程，才是模仿与反复的练习。

可是，当我们回到孩子们成长的场景中便会发现，以上过程过于理想。12岁左右的孩子，哪里有能力博闻、审问、慎思、明辨，即使是成人也不一定都有这样的能力。于是，留给孩子们的便只剩下稀里糊涂的模仿了。同时，我们也知道，12岁左右正是孩子们建立自己行为标准的阶段，又哪里可能心甘情愿地模仿他人呢？可为什么还会产生模仿的结果呢？社会学的解释是，受到社会环境的影响。

对个体的成长而言，12岁左右还有一个重要事件，

第二章
和而不同的社会习惯

那就是进入陌生人群体。如果说家人是熟悉人群体,亲友是非陌生人群体,12岁左右便是人走出家人圈子进入真正的陌生人群体的年龄。"青葱"少年要走出家庭、走出村寨,与不那么熟悉的人结交。在这个进程中,对行为意义的共识是社会融入的重要前提,否则,青少年便会经受社会排斥。社会排斥也是这个年龄段的人最惧怕的社会经历,许多人在成长中如果不能安全度过这个阶段,便会陷入自闭、自伤等让人悲伤的境地。[63] 如此,从让成年人接受的角度,模仿社会欣赏的行为,如内省、礼貌、懂事、乖巧、勤奋、努力等,便成了回避社会排斥不得已的捷径选择。

除了让成年人接受,12岁左右的孩子还面对能否被同伴群体接受的挑战。可内省、礼貌、懂事、乖巧、勤奋、努力等并非同伴群体认可的行为,同伴认可的是他们共同的偶像、时尚,以及部分与成年人有交集的内容。村寨和学堂则是这些内容汇集的场所。于是我们会发现,来自同一个村寨或学堂的人有着极为相似甚至相同的社会习惯,哪怕其中有一些是成年人不欣赏的行为。这,正是同伴之间相互模仿的后果。中国"致中和"的传统则强化了模仿带来的正当性和安全感,使得行为模仿成为中国人社会习惯的文化密码。中西比较研究[64]的结果显示,中国人更容易对他人的态度产生敏感反应,而西方人则不会。即使当下,中国人依然对他人的批评和意见非常敏感。

从修己安人出发,在中国文化里,我们期待求仁得仁,期待形成一个和而不同的理想社会,为此,在行为上我们也尽量求同存异,建立社会欣赏的行为规范,为实现理想社会贡献一己之力。那么,和而不同的社会真的可以实现吗?

四、个体化社会的崛起

当下的中国社会是从村寨走出来的社会,携带着众多传统社会的特征,也依然在承受着传统社会的影响。诸子百家的影响虽然让传统社会对人性向善有基本的

第二章
和而不同的社会习惯

共识,可村寨的地方性和封闭性,以及由此养成的行为习惯的地方性,已经被众多的社会事实证实,对此进行论述的文献可谓汗牛充栋。在历史的长河中,尽管秦朝即已"车同轨",修了直道,可村寨之间的交通大多数都限于官家,民间很少运用同轨之车和八达之道。这是因为,小农经济只需靠双脚便可一天往返的方圆市场,无须更大的范围。

经济生活的地方性和社会生活的家族化、村寨化,让传统中国保留了因地理隔离而来的多样性,政治和文化生活的总体性又让中国人分享着儒墨道法混合的价值观,科举制度则更强化了政府主导的文化在士绅之间的传播。这些经由士绅渗透到千家万户的日常生活,构筑了各地不同社会习惯的共同法理基础和价值伦理。如果从《周礼》算起,2000多年的时间里,朝代更迭,世事变幻,交通日渐发达,经济生活日趋多样化,城市化进程不断深入,人们可以去到更多的地方。可是,直到20世纪80年代,中国仍有超过70%的人口以农为生,农牧业依然是中国主要的经济活动,文化传承绵延不断,思维方式同一和社会习惯差异始终是中国社会人性与习惯的基本图景。

20世纪80年代开始,五股力量驱动着中国社会的变革,正在急剧地改变中国绵延了几千年的传统,挑战着中国人坚持了几千年的和而不同的社会理想,也在改变中国人传承了几千年的思维方式和行为习惯。[65]

中国的工业化伴随着近代化开始,经历了一百多年的积累,虽说在20世纪50年代有了较大的发展,可真正形成工业体系,对中国人的社会生活产生较大范围的影响,还是20世纪80年代以后。无须庞杂的数据,一些日常生活的场景便让每一个经历过的人感受到工业化的影响。20世纪80年代之前,中国人的衣服大多是请裁缝缝制的,很少人会买成衣穿。到20世纪末,场景发生了反转,几千年家庭缝制衣服的历史彻底终结,大多数人都去买衣服穿了,中国从成衣短缺国变成了人类制衣厂,每年生产的成衣足够地球上的人每人至少来五件。[66] 20世纪80年代之前,极少有中国家庭能拥有家用小汽车;进入21世纪,中国的汽车工业成为发展最蓬勃的产业之一。在乘用车生产高峰的2017年,中国当年生产超过2900万辆,销售近2900万辆。到2019年,中国每100户家庭就有33辆汽车,城镇居民的家庭汽车保留量是40%,农村大概是24%。中国已成为世界上家用小汽车生产量和销售量第一的国家。2019年,在庆祝中华人民共和国成立70周年之际,中央政府用五个关键词归纳了中国工业化的发展:第一制造大国、完整的工业体系、创新驱动发展、信息化和工业化深入融合、中小企业蓬勃发展。工业化,的确是20世纪中国社会变迁的主线之一。

与工业化伴生的是市场化、各类市场的发展。市场,虽说在中国早已存在,可在20世纪80年代之前基本上是以传统市场——集市为主流的。1952年,中国社会消费品零售总额为277亿元;到2019年,这个数字增长到了41.2万亿元,增长了近1500倍,可中国的总人口在此期间仅增长了不到1.5倍。仅用这两个数据比较就可以感受到市场化在中国的发展速度有多快。如今,不仅出门有市场,手机里也有市场,各种购物软件层出不穷，即使在最偏远的地区，现代市场也是人们日常生活必不可少的基础设施。2021年，中国已经成为世界上第二大消费市场、第一贸易大国。中国的市场已经与世界各国的市场紧密联系在一起，成为人类市场活动最重要的组成部分。

伴随资源和产品流动的是人的流动，城镇化是改变中国社会的第三股重要力量。人类工业革命的历史已经证明，城镇化是市场化和工业化的必然后果之一。1949年，中国常住人口的城镇化率只有10.64%，到1978年也只有17.92%。经过40多年市场化和工业化的发展，2019年中国常住人口城镇化率首次超过60%。1949年，中国只有132个城市，到1978年也只有193个。40年后的2018年末，中国城市的数量已经跃升至672个，其中，1981—2017年，中国城市建成区面积从7438平方公里增长到56225平方公里。适应城镇化发展的是中国交通网络的发展，2018年末，中国铁路营业里程达到13.1万公里，比1949年末增长了5倍，其中高速铁路达到2.9万公里，超过世界高铁总里程的三分之二；公路里程484.65万公里，比新中国成立初期全国能通车的公路里程增长约59倍，其中高速公路达到14.26万公里；定期航班航线里程838万公里，比1950年末增长734倍。伴随城镇化和交通网络发展的，在政府一侧是一系列制度的演变，如户籍、土地、财政、教育、就业、医保、住房等；在社会一侧则是经济活动与生活方式的变革，它意味着已经从延续了几千年的中国社会主流生活方式的地方性、封闭式游牧和村寨生活转而面向更加广阔的世界，面向追求协作的连接和开放生活。

如果说城市社会生活和交通网络带来的还是局部社会连接和局部社会协作，那么，数字化则意味着把个人和家庭的社会生活与整个人类连接在一起。这样的连接当然是有条件的。条件之一是物理的电信网络。1949年，中国邮路总长度70.6万公里，长途明线14.6万对公里；到2018年末，邮路总长度985万公里，光缆线路总长度达4358万公里，移动宽带用户数突破13亿，已基本建成世界上最大的移动宽带网。在基础设施普惠的条件下，中国互联网络在20年里获得了急速发展。1997年，中国互联网络信息中心发布了《第1次中国互联网络发展状况统计报告》，报告显示我国上网用户数仅为62万，其中，大部分用户是通过拨号上网，直接上网与拨号上网用户数之比约为1:3；到2019年6月，中国互联网用户规模达8.54亿，手机网络用户规模达8.47亿，我国网民使用手机上网的比例达99.1%，即时通信用户规模达8.25亿，网络新闻用户规模达6.86亿，网络购物用户规模达6.39亿，网上外卖用户规模达4.21亿，网络支付用户规模达6.33亿，网络视频用户规模达7.59亿，网约车用户规模达3.37亿，在线政务服务用户规模达5.09亿。互联网的应用场景覆盖了社会生活的方方面面，已经成为社会生活的有机组成部分。

与工业化、市场化、城镇化、数字化同步的还有全球化，全球化的深入也让中国人的经济生活和社会生活成为世界的一部分。1950年，中国货物进出口总额仅为11.3亿美元；2018年，我国货物进出口总额达到

4.62万亿美元,比1978年增长了223倍,居世界首位。同年,服务贸易进出口总额为7919亿美元,比1982年增长超过167倍,居世界第二位。在货物流向世界各地的同时,中国开放国门,让希望了解中国的外国人到中国来,也让普通中国人走出牧场、村寨、城镇,走出国门。1976年,中国接待外国旅游者约5万人次,出境旅游的中国人更是寥若晨星。到2019年,中国不仅是世界各国旅游者的优选目的地,中国出境旅游的人数也一跃成为世界第一,国内游客达60.1亿人次,入境游游客达1.45亿人次,出境游游客达1.55亿人次。

五股力量带给中国社会的变化是革命性的。中国人,尤其是穷怕了的中国农村人不再安土重迁,不再固守祖辈的田园,为了自己和家庭明天的美好,开始出去闯荡。20世纪80年代以后,从农村到城市的流动人口从最初的几百万到如今的每年近4亿人,它意味着超过三分之一的中国人处在流动中。

人口流动给思维方式和行为习惯带来的直接影响

是，环境约束消逝了。一个人的周围不再是自己熟悉的人，也不再是熟悉自己的人。自己的行为不再是家庭、邻里、村寨的人评价自己的依据。自己也可以不再考虑对家庭、邻里、村寨的影响。人在流动中进入了一个陌生的世界，进入了一个自由的世界。每到一个新的地方，人便进入一个新的环境，且一定与自己熟悉的环境大有不同。

真正不同的是，人们是否愿意熟悉新的"人"来调整过往的"己"，于是便有了是否适应新环境的问题。更加本质的不同是，城市生活与村寨生活的差异。村寨生活是一个互助体系，包括个体、家庭、家族、邻里之间的互助。城市则是一个协同体系，涉及个体与整个城市体系的协同，生活在其中的人都有机会成为独立的个体。工业化给个体提供工作，市场化给个体提供生活，城镇化为个体提供独立空间，数字化让个体连接到任何"人"，全球化则把个体带到任何"己"想去的地方。在中国传统社会，"己"被局限在自己出生的步行范围内。如今，这个范围被扩大到了整个地球。"己"

第二章
和而不同的社会习惯

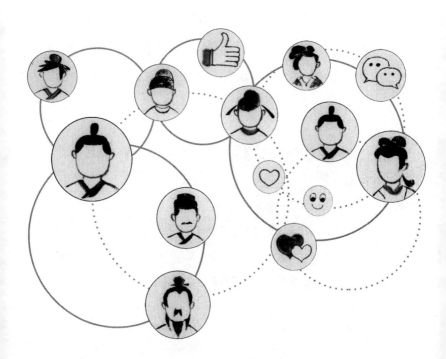

高度互联的个体化社会

充分的"异"反而给"和"带来困惑,让"和"迷失在相异之中。人们以"异"追求流量,让流量成为转瞬即逝的昙花,让人们在"异"中迷失。

可以不再适应"人",而是去满世界寻找可以匹配"己"的"人"。这才是真正的变化,革命性的变化。这便是个体化社会[67]的崛起。这是一种世界潮流,如今中国人也加入其中。[68]

注释

1 以上引文出自《论语·学而》。
2 当然,在社会价值观的主张与倡导中,从来不乏政治因素。从百家争鸣开始直至当下,社会的核心价值观始终是政治各方争夺的战场。值得认真探讨的是,在中国社会形成的共识是修己以安人。
3 《论语·宪问》。
4 《论语·公冶长》。
5 《论语·学而》。
6 《论语·卫灵公》。
7 《论语·述而》。
8 《论语·里仁》。
9 《论语·述而》。
10 《论语·颜渊》。

11 《论语·里仁》。

12 《论语·卫灵公》。

13 《论语·学而》。

14 同上。

15 《论语·为政》。

16 《论语·宪问》。

17 同上。

18 《论语·卫灵公》。

19 《论语·季氏》。

20 同上。

21 《论语·为政》。

22 《论语·季氏》。

23 王安石:《诗义钩沉·国风》。

24 《论语·子路》。

25 《论语·为政》。

26 《论语·卫灵公》。

27 同上。

28 《论语·公冶长》。

29 《论语·子罕》。

30 《论语·子路》。

31 《礼记·礼运》。

32　习近平:《决胜全面建成小康社会 夺取新时代中国特色社会主义伟大胜利——在中国共产党第十九次全国代表大会上的报告》,《人民日报》2017年10月28日第1版。

33　《论语·子路》。

34　《四书章句集注·论语集注·子路》。

35　《左传·昭公二十年》。

36　韦昭注:《国语·郑语》。

37　《论语·学而》。

38　《孟子·公孙丑下》。

39　《道德经》。

40　《张载集·正蒙·太和篇》。

41　费孝通:《中国社会变迁中的文化结症》,载《乡土中国 生育制度 乡土重建》,商务印书馆2015年版,第339—340页。

42　参见李亦园:《致中和——论传统中国乡民的基本价值取向》,载北京大学社会学人类学研究所编:《东亚社会研究》,北京大学出版社1993年版。

43　张岱年:《漫谈和合》,《社会科学研究》1997年第5期,第55页。

44　参见沃尔夫冈·顾彬:《和谐与社会:关于孔子及其乌托邦的沉思》,《青岛科技大学学报(社会科学版)》2011年第1期,第23—26页。

45　参见赵纪彬:《孔子"和而不同"的思想来源及其矛盾调和论

的邏辑归宿》,《哲学研究》1965年第4期,第44—62页;《后汉书·文苑列传·刘梁传》。

46 T. Talhelm, et al., "Large-Scale Psychological Differences Within China Explained by Rice Versus Wheat Agriculture," *Science,* 2014, 344(6184):603-608.

47 《论语·阳货》。

48 参见L.科尔伯格:《道德发展心理学——道德阶段的本质与确证》,郭本禹等译,华东师范大学出版社2004年版。

49 参见加布里埃尔·塔尔德:《模仿律》,何道宽译,中国人民大学出版社2008年版。

50 S. Jaffee and J.S. Hyde, "Gender Differences in Moral Orientation: A Meta-Analysis," *Psychological Bulletin*, 2000, 126(5):703–726.

51 Paul Ekman, *The Face of Man: Expression of Universal Emotions in a New Guinea Village*, Garland STPM Press, 1980.

52 Kingsley Davis, "Extreme Social Isolation of a Child," *American Journal of Sociology*, 1940, 45(4):554–565.

53 《论语·子罕》。

54 《墨子·修身》。

55 《荀子·劝学》。

56 《晦庵集·又谕学者》。

57 《尚书·太甲上》。

58 《礼记·学记》。

59 《论语·述而》。

60 《论语·学而》。

61 《论语·为政》。

62 《颜元集·颜习斋先生言行录卷下·学须第十三》。

63 王玉龙、陈慧玲、袁燕:《社会排斥对青少年自伤的影响:羞耻感的中介和认知重评的调节》,《心理科学》2020年第2期,第333—339页。

64 杨钦淋、张庆林:《态度对中国学生面部表情模仿行为的影响》,第十五届全国心理学学术会议论文摘要集,2012年。

65 这一节引用的数据主要来自中央政府相关部委的新闻稿和国家统计局,网上即可查询,不一一注明。

66 参见邱泽奇:《衍生于传统的文化:以蜡染为例》,《文艺研究》2005年第4期,第102—111页。

67 参见乌尔里希·贝克:《风险社会》,何博闻译,译林出版社2004年版。

68 参见阎云翔:《中国社会的个体化》,陆洋等译,上海译文出版社2012年版。

第三章 择善而从的生活习惯

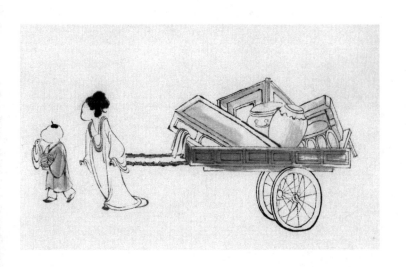

第三章
择善而从的生活习惯

内省的生活习惯和期待他人同样内省的社会习惯，使内省成为中国人立足社会的不二法门，也内化为中国文化处理人己关系的基因符码。中国五千年绵延的历史表明，内省与修己对社会整合产生了长久且极为重要的影响。只是，人不可能总是处在冥想之中，人还要生活，还要实实在在、脚踏实地地过日子。古往今来，人生活在家庭中，生活在邻里间，生活在村寨或社区内，生活在中国文化里。那么，在日常生活中，人们又如何内省？如何将推己及人的思维习惯与和而不同的社会习惯落实于生活的琐碎之中，中国文化的基因符码又如何呈现在人们的衣食住行之中呢？

一、吾日三省吾身

广义的生活是对有限时间进行分配的一般模式。大自然分配给每一个人的时间是一样的,每人每天只有十二时辰。不因为是君王多给一刻,也不由于是乞丐少给一时。大自然对时间的分配童叟无欺。在人短暂的生命里,有许许多多重要的事情要做,有许许多多重要的责任和义务要承担。可是,孔子还是主张,人,每天都应该反躬自省。他的学生曾子不理解,三省吾身,反省什么呢?他问孔子:"吾日三省吾身,为人谋而不忠乎?与朋友交而不信乎?传不习乎?"[1]曾子希望向孔子确认,自省的内容是否主要是"忠""信""习"。孔子则说,孝、悌、信、爱、学都很重要,更加重要的是把这些与自己的身份结合起来。身处君王之位,应该严肃对待国事,爱护子民,敬畏自然;为人子女,则应该讲究孝悌,只要有余力,便应该抓紧学习。显然,孔子念念不忘的是他基于身份秩序的社会秩序,自省的目的不在自省本身,而在自省之外,在于通过每个人对日常生活的自省达成一种各安其分的社会秩序。

在中国文化里,内省不只是君王、圣人的功课,而且是每个人应该有的生活习惯。亢仓子说,"君子检身,常若有过"[2];孟子说,"行有不得者,皆反求诸己"[3];荀子说,"君子博学而日参省乎己,则知明而行无过矣"[4];扬雄说,"三省吾身,谓予无愆"[5];朱熹说,"日省其身,有则改之,无则加勉"[6]。由于历史与技术的原因,我们如今能够读到的文献大多是帝王、圣人、士绅的自省,看不到平民百姓日常生活里的自省。即使如此,这些引文也足以让我们想象中国人是内省的,在修己安人之学习、自省、自讼等通用方法之外,还会因人而异,每个人对自省的理解不同,面对自省的场景不同,内省的方式也不相同。

举一个例子,颜回打算去游说,向孔子请教方法。孔子指出,颜回尚未"心斋",即还没有认清自己,也就是自省还不到位。"颜回曰:'吾无以进矣,敢问其方。'仲尼曰:'斋,吾将语若!有心而为之,其易邪?易之者,皞天不宜。'颜回曰:'回之家贫,唯不饮酒、不茹荤者数月矣。如此则可以为斋乎？'曰：'是祭祀之斋，非心斋也。'回曰：'敢问心斋。'仲尼曰：'若一志，无听之以耳，而听之以心；无听之以心，而听之以气。听止于耳，心止于符。气也者，虚而待物者也。唯道集虚。虚者，心斋也。'"[7]颜回说，我本家贫，不饮酒、不吃荤，都斋戒几个月了，还要怎样？孔子回答说，颜回你的问题不是饮食斋戒，而是认识不到位，还停留在表面，没有"尽心"，没有达到心斋的目标。

要让自己的认识到位，也需要有方法。每个人心境不同，方法也不相同。北宋宰相文彦博发明了数豆以自律的方法。民间故事说，文彦博小时候很调皮，为了自省，他准备了两个罐子，每天做了有益之事，就在一个罐子里放一粒红豆；做了无益之事，就在另一个罐子里放一粒黑豆。每天检查红豆和黑豆的数目，以此警醒自己。终于红豆越来越多，黑豆越来越少。同是北宋名臣，范仲淹则在每晚睡觉前，一定要回顾自己当天做过的事，且与俸禄比之，如果对得起俸禄，便会安睡；如对不起俸禄，便会难眠，第二天一定要

第三章
择善而从的生活习惯

心斋

对自我的认识是在反思中形成的，而不只是在行为中形成的。三省吾身是反思的形式化表达，心斋则是本质表达。

补足欠缺的部分,才能安心。晚清名臣曾国藩早年自立修身十二款:主敬、静坐、早起、读书不二、读史、谨言、养气、保身、日知其所亡、月无忘所能、作字、夜不出门。晚年又自举"日课"四条:慎独则心安、主敬则身强、求仁则人悦、习劳则神钦。

其实,《礼记·中庸》里就有"慎独"之说,"道也者,不可须臾离也,可离非道也。是故君子戒慎乎其所不睹,恐惧乎其所不闻。莫见乎隐,莫显乎微,故君子慎其独也"。《后汉书·杨震列传》记载,杨震任荆州刺史,"当之郡,道经昌邑,故所举荆州茂才王密为昌邑令,谒见,至夜怀金十斤以遗震。震曰:'故人知君,君不知故人,何也?'密曰:'暮夜无知者。'震曰:'天知,神知,我知,子知。何谓无知!'密愧而出"。这便是杨震的慎独。

对"慎独"之所指,不同的时代有不同的社会环境,不同的人有着不同的理解和解释。[8]如,明末清初的颜元对慎独做过系统梳理,明确反对理学的观点,主张托古改制,沿尧、舜之三事六府之道,周公、孔子

第三章
择善而从的生活习惯

六行六德六艺之学,以社会效果作为自省的检验标准,积学待用,以使富国强兵,民安物阜。钱穆指出:"从表面上看,颜元似乎在同理学家争'道统',而实质上在'道统'后面进行着两种世界观的斗争,用颜元的语言就是'尚其实'与'尚其虚'的斗争。"[9]无论是经学、理学,或是心学,还是逐步形成了"戒"和"惧"的衍生,用以阐述在处理自己与他人、自己与事物之间关系时的行为特征,解释的差异则无非是在针对实践与认识的关系时,不同学派的坚持而已,其共同之处都是中国文化的核心,那就是对个体冲撞社会的警惕。[10]不过,在我看来,不管用什么方法,在中国文化倡导的生活习惯中,自省都是"知—信—行"一体,贯穿日复一日的日常生活实践。以刘宗周的话说,"慎独之外,别无工夫"[11]。

自省的生活习惯不仅存在于传统之中,也存在于现实之境。在人们熟知的人物中,周恩来为自己立过七条规矩,即《我的修养要则》:"一、加紧学习,抓住中心,宁精勿杂,宁专勿多。二、努力工作,要有计划，有重点，有条理。三、习作合一，要注意时间、空间和条件，使之配合适当，要注意检讨和整理，要有发现和创造。四、要与自己的他人的一切不正确的思想意识作原则上坚决的斗争。五、适当地发扬自己的长处，具体地纠正自己的短处。六、永远不与群众隔离，向群众学习，并帮助他们。过集体生活，注意调研，遵守纪律。七、健全自己身体，保持合理的规律生活，这是自我修养的物质基础。"

我们每个人都有一些为人处世的准则，虽不系统，却也是自律的实践。每当与人发生冲突时，我们也会下意识地思考，是不是我哪里说得不对，哪里我做错了。这便是我们日常生活实践中的吾日三省吾身。一些人可能有更加规律性的实践，每天晚上临睡觉前会回想从清早一睁眼开始，一整天遇到的人、事，说过的话和做过的事，头脑里冒出的想法，思考过的问题等，反躬自问，哪些好、哪些不好。虽不一定像范仲淹那样做到次日即补，至少可用以积累自己的经验和教训。我以为，三省吾身的本质不是花时间背诵和铭记经典，而是在日常生活的行动中自律，在非常有限的时间里实践推己及人和修己安人。

二、宁俭勿奢

生活是精神的，也是物质的。在日常生活中，有两项物质资源是稀缺性的，即权力与金钱。从古至今，对权力和金钱的运用都拷问着人性的善恶，也检验着修己安人的效果。在一个社会中，权力通常由少数人占有，它可以是官僚体系善恶的试金石，却与百姓的日常生活关系不大。只有金钱是每一个人都需要的稀缺资源，它随时都会对个人的内省、人己之间的克己、人与社会之间的"仁""爱"形成诱惑。从个人、家庭、邻里、村寨、社会以至国家，无不受着同样的洗礼。

财富占有的多寡直接影响着人们生活的选择。穷者无力奢侈，富者却丰俭由人。考察一个社会对金钱的态度，最直接的是看人们富了以后会做出怎样的行为。

而在21世纪之前,中国始终是一个农业国,"勤俭持家"是社会古老的生活习惯。在一年一度的春节期间,村寨许许多多的房屋大门上的春联还会有"勤俭持家"的横批,或者把勤俭的意思蕴含在春联里。要是盖了新房,在祝贺的词句里也常能见到"勤俭持家"。与之对应,对奢侈的回避与勤俭自律几乎是中国人日常生活中的行为基因。

因为穷而塑造的俭可以被理解为一种被动的俭,富裕条件下的俭才是人们行为的自律,才是文化。"吾今日之俸,虽举家锦衣玉食,何患不能?顾人之常情,由俭入奢易,由奢入俭难。吾今日之俸岂能常有?"[12]面对财富,由文化塑造的普遍认知告诉人们,当下的富有不意味着永远的富有。富有时,以不富有的平常作为参照,才是可以让家业长青的正常行为。也许富有真的只是偶尔出现的境况,谨慎对待富有,倡导勤俭才是千百年来中国人生活习惯养成的重要内容。

《尚书·太甲上》里即有"慎乃俭德,惟怀永图"。在孔子那里,"礼"固然重要,让"礼"内含节俭更加

第三章
择善而从的生活习惯

重要。"林放问礼之本,子曰:'大哉问!礼,与其奢也,宁俭;丧,与其易也,宁戚。'"[13]只要符合礼,俭便是原则。子曰:"麻冕,礼也;今也纯,俭,吾从众。拜下,礼也;今拜乎上,泰也。虽违众,吾从下。"[14]即使富有,也需俭,且需符合礼。"颜渊死,门人欲厚葬之,子曰:'不可。'门人厚葬之。子曰:'回也视予犹父也,予不得视犹子也。非我也,夫二三子也。'"[15]"子游问丧具,夫子曰:'称家之有亡。'子游曰:'有无恶乎齐。'夫子曰:'有,毋过礼,苟亡矣。敛首足形,还葬,县棺而封,人岂有非之者哉。'"[16]孔子还认为,节俭是可持续发展的基础,"奢则不孙,俭则固。与其不孙也,宁固"[17]。

除了孔子,先秦诸子——儒墨道法等,都倡导节俭,这是中国传统思想的共性。如老子把"俭"作为三宝[18]之一,指出"治人事天莫若啬"[19],倡导消费节俭、生活简约、克制欲望。荀子从长远保障出发倡导节俭,"足国之道:节用裕民,而善臧其余。节用以礼,裕民以政"[20],"憍泄者,人之殃也;恭俭者,偋五兵也。虽有戈矛之刺,不如恭俭之利也"[21],"强本而节用,则天不能贫……本荒而用侈,则天不能使之富"[22],"今人之生也,方知蓄鸡狗猪彘,又蓄牛羊,然而食不敢有酒肉;余刀布,有囷窌,然而衣不敢有丝帛;约者有筐箧之藏,然而行不敢有舆马,是何也?非不欲也,几不长虑顾后,而恐无以继之故也"[23]。墨子更主张以实用为原则,他以节用为题进行了专门论述,提倡"凡足以奉给民用,则止。诸加费不加于民利者,圣王弗为"[24],并就衣食住行和丧葬提出了节俭的行为标准。司马迁甚至开门见山评价起晏子的节俭,"晏平仲婴者,莱之夷维人也。事齐灵公、庄公、景公,以节俭力行重于齐。既相齐,食不重肉,妾不衣帛。其在朝,君语及之,即危言;语不及之,即危行。国有道,即顺命;无道,即衡命。以此三世显名于诸侯"[25]。

诸子和精英们的倡导只有落实到每一个人的日常生活实践,才会成为中国人的日常生活习惯。其中,政府规制显得尤为重要。而没有政府规制的六朝就是中国历史上奢靡之风的一面镜子。[26]此后,纵观唐代近

第三章
择善而从的生活习惯

三百年，21位皇帝中便有14位颁布了58条奢侈消费禁令，其中唐玄宗便颁布了21条禁令。在唐代前期颁布的35条禁令中，涉及衣食住行的禁令14条，涉及婚丧嫁娶的13条。[27] 禁令的覆盖范围越来越广，规制越来越细，如涉及在车服和住宅领域针对服饰、车马、建筑建制的等级僭越，在婚丧嫁娶活动中针对的礼法不周，在宗教领域针对的奢侈活动。

宋代三百多年里的18位皇帝，与唐代比较，颁布的奢侈消费禁令更多，除了涉及衣食住行、建筑丧葬，还涉及文化和娱乐活动，譬如狎妓。北宋汴梁城内外有数十处妓馆娼楼，"京师之娼最繁盛于天下"[28]，"向晚灯烛荧煌，上下相照，浓妆妓女数百，聚于主廊槏面上，以待酒客呼唤，望之宛若神仙"[29]。待到南宋临安，"妓女群坐喧哗，勾引风流子弟买笑追欢"[30]。当时的士大夫"欲永保富贵，动有禁忌，尤讳言死，独溺于声色，一切无所顾避。闻人家姬侍有惠丽者，伺其主翁属纩之际，已设计贿牙侩，俟其放出以售之。虽俗有热孝之嫌，不恤也"[31]。除了声色犬马，还有在

唐玄宗时期《禁断女乐敕》

奢侈是生物性的释放，也是内省的松弛。在人的内省难以自治时，社会性的约束就出现了，皇帝敕令或国家法律是社会性约束的一类。

第三章
择善而从的生活习惯

社会各阶层盛行的赌博。这些都是中央政府禁令针对的对象。

官家禁止奢侈，民间则厉行节俭。嘱咐人们节俭的教诲、俗语、谚语与社会精英的倡导一脉相承，涉及俭德、惜物、节用、从简、储备等日常生活实践。如，"君子以俭德辟难。克勤于邦，克俭于家。取之有度，用之有节，则常足。俭节则昌，淫佚则亡"；"俭，德之共也；侈，恶之大也。侈而惰者贫，而力而俭者富。忧劳可以兴国，逸豫可以亡身"；"饱时莫忘饥时苦，有衣莫忘无衣难"；"精打细算，有吃有穿。算算用用，一世不穷；不算先用，海干山空"；"一滴水，不算多，一滴一滴汇成河"；"衣食俭中求"；"布衣暖，草根利，葫芦瓜果半年粮"；"丰年俭，歉年足。有荒节约度荒，无荒节约备荒"。在中国各地，不同时期积累了大量的歇后语、俗语、谚语，与其说是倡导节俭，不如说是人们在千百年生活实践中积累的经验和形成的生活习惯。

不过，这样的生活习惯是在与贫穷的斗争中形成的。21世纪以来，中国开始越来越多地面临"富了以后怎么办"的问题。费孝通在20世纪90年代预料到新场景的到来,提出了"文化自觉",可这还是认识层次的解药。如何真正面对富裕,才是中国人正在和将要面对的挑战。宁俭勿奢的生活习惯还会延续吗?应该没有人可以预料。我倒以为,在千百年里形成的生活习惯不会那么轻易地被抛弃,只是它将以怎样的形态呈现出来,还不得而知。

三、快乐地生活

无论贫穷还是富裕,人,总有一个基本生活态度。在一个个体始终把自己放在人己关系框架的社会,人们生活的总基调是快乐的还是忧伤的?王蒙以为,谈传统生活实际上是谈人们的日常生活。[32]中国的民俗或许是理解这个问题的直接素材。中国各地地理和气候各异、生计有别,在岁月的流逝中自然形成了不同的生活民俗。倒是岁时月令、节庆礼仪受国家制度的影

第三章
择善而从的生活习惯

响,有着高度的一致性。还有,延续了千百年的官僚体系和行政制度塑造了承载生活态度的中国物质,比如酒和茶。

在各地民俗中,服饰、饮食、住所虽然因为受自然环境的影响有较大差异,却也有共同之处。譬如对红色的偏好是中国人生活乐观向上的佐证。早在秦始皇统一中国之前,中国人便有了对事物本源的认识,即阴阳。发端于阴阳的五行之说阐释了事物的构成元素和运动规律,并将水、火、木、金、土五种相生相克的元素与人们日常可见的五种色彩相对应,水为黑、火为赤、木为青、金为白、土为黄。《周易》赋予了每一种颜色不同的生活含义。如"黄裳,元吉","素履,往,无咎","贲如皤如,白马翰如"。到战国时期,五行(水、火、木、金、土)与五色(黑、赤、青、白、黄)、五方(北、南、东、西、中)、五时(冬、夏、春、秋、长夏)、五性(智、礼、仁、义、信)、五声(呻、笑、呼、哭、歌)、五态(恐、喜、怒、忧、思)、五气(寒、热、风、燥、湿)相互对照映射,构成为一个相互比附的体系。[33] 在这里,色彩不仅具有指代意义,也具有因果逻辑,成为人们对日常生活的一种认知图式,红色成为与火、南方、夏、礼、笑、喜、热等一切美好、人生理想和社会期待相联系的颜色,通过对物象视觉的认识转换,被赋予特殊的情感和文化理念。如古代传说中的"赤鸟""赤兔""赤草""赤鲤"等皆为祥瑞之物。古代中国也被称为"赤县神州",传说"赤县多灵仙"。周朝建立之初,为歌颂武王伐纣的重大历史事件排演的乐舞《大武》中,所有参加祭祀的人都穿红衣,舞动"朱干玉戚"[34]。汉高祖刘邦斩蛇起义后被传为"赤帝"之子。"赤帜",最初指红色的旗子,后比喻太阳、领袖人物或领袖地位。皇宫的台阶饰红漆,称"赤墀"。渐渐地,一切与红色相关联的,皆意味着快乐、美好与吉祥。以红色为吉祥色、尊贵色逐渐变成了人们日常的生活习惯。新婚、寿诞、节日、喜庆都与红色分不开,如红喜字、红包袱、红盖头、红蜡烛、红花轿、红衣裙、红窗花、红筷子、红包、门楣上压的两块红砖头和两双红筷子、红皮鸡蛋、红肚兜、红虎头鞋、红寿字、红春联、红灯笼、红鞭炮、红顶棚花、红地门神、红桌围等。直到如今，无论是新婚还是寿诞、节日，只要是喜事，现场满眼是红色。对红色的偏好成了中国文化根深蒂固的一部分，甚至提起红色便意味着中国，在国际社会，红色已经成为中国的标志色——中国红。

如果说色彩是一个概念、一种意象，那么"喜"便是中国人快乐生活的一种状态、一种氛围。中国现存最早的记录文献甲骨文里就有"喜"字，也为上下结构，上"壴"下"口"。林义光在《文源》中解释说："壴象豆丰满上出形，与岂同意……。《说文》：'饎，酒食也。'饎当以喜，为古文。"[35] 不过，文字学家们对林义光的解释有争论。《说文·喜部》倒是说得明确："喜，乐也。从壴，从口。歖，古文喜，从欠。与欢同。"许慎的收录说明，至迟到汉代，人们对喜乐的共识已经非常清楚了。后人关于甲骨文的争议中，对"喜"字展现了人们采用欢呼的方式表达喜悦，采用击鼓的方式呈现浓烈的喜庆氛围，已经具有共识。这样一个抽象地表达愉悦状态和氛围的字与洞房花烛关联,变成囍,据说与宋代的王安石有关。相传,王安石结婚当天,忽有公文送到,"王大人金榜题名"。王安石喜上加喜,挥笔在婚庆之喜的喜字边,又加了一个喜字,这便是"囍",也是民间流传的"洞房花烛夜,金榜题名时"之双喜。如今,喜字的应用已经有了非常复杂的场景变化,如节庆之喜,人们常用"禧",用以表达吉祥如意、万事顺心;在任意欢乐的场景,"喜"字总是一个贴切的字;由"喜"组成的词组多达几百个;在众多的日常生活物件上,"喜"字也随处可见,如家用的桌椅板凳、房屋的门梁窗棂、器用的杯盏瓢盆;等等。甚至高龄老人的逝去,也是人生一喜、社会一喜。大概也只有在中国这样历经千百年对生死的观察与思考的国家,才可以锤炼出失去中的喜乐来,所以我们有"喜丧"的习俗!

快乐地生活除了寓于色彩、借于文字,在日常生活中还可以发现许多呈现中国人乐观向上生活的场景,其中,节庆便是一个典型的例子。李泽厚认为,中国

第三章
择善而从的生活习惯

王安石与囍

快乐其实很简单,一边是生物性的,一边是社会性的,任何一边的回报都会带来快乐,由此生发幸福感。内省的生活意味着让两边的回报细水长流。

人很少呈现彻底的悲观主义,他们总愿意乐观地眺望未来。[36]每一个岁时节庆,从春节再到春节,无论是大节还是小节,纵是清明节和中元节,中国人也始终是用对祖先的敬仰,让活着的人更加珍惜眼前。年节,更是如此。乌丙安指出,年节以祝贺吉庆丰收、人畜两旺、平安幸福为主题[37],运用辞旧迎新的契机,让人民忘掉曾经的悲伤,憧憬美好的未来。在中国的俗语中,"叫花子也有三天年",即意味着节庆会把快乐和希望带给每一个人。节庆的仪式化和仪式的每一个环节,都透露着中国人快乐的生活习惯[38],而在快乐习惯背后则是推己及人、修己安人、和而不同、社会向善的思维习惯和社会习惯。

与百姓日常生活形成鲜明对照的是社会精英的日常生活。这些人除了一日三餐、岁时节令、生老病死嫁娶,还有诗酒茶画。《三国演义》开篇诗曰:"一壶浊酒喜相逢,古今多少事,都付笑谈中。"短短十几字,人生乐观潇洒的意境跃然纸面。俯拾中国古典诗词,说悲伤的有不少,如"老去悲秋强自宽,兴来今日尽君欢"(杜甫),"百岁光阴半归酒,一生事业略存诗"(陆游);说喜乐的则更多,如"嘉会难两遇,欢乐殊未央"(佚名),"白日已西迈,欢乐忽忘归"(王粲),"人间欢乐无过此,上界西方即不知"(白居易),"但尊前随分,雅歌艳舞,尽成欢乐"(柳永)。只要翻开任意一本诗词,我们总能找到让人会心一笑的诗句词句,尤其是唐代的诗。[39]

促成这些快意人生句子的则是支持中国人快乐生活的助燃剂:酒。当代社会对酒的社会意义有着各种争论,可从历史发展脉络中观察。初时的酒实为稀罕物。直到汉代,酒还会被作为陪葬物[40],说明酒在中国人的生活中具有特殊意义。的确,酒,最早是作为供奉祖先和神灵的祭祀之物出现的,后来进入社会精英的生活,最后才来到百姓的日常生活之中。[41]中国古典诗词中有大量与酒有关的作品,也意味着喝酒是值得写下来的事情。譬如逯钦立就《陶渊明集》中现存142首诗文的统计,涉及酒的有52首,约占总数的40%;《唐诗三百首》中,涉及酒的诗约占总数的15%。[42]不过,提酒不是诗眼,也不是词睛,而是为了表达作者的心境罢了。"人生得意须尽欢,莫使金樽空对月"(李白),听起来是在抱怨,实则是在激励,在颓废中呈现的恰恰是积极进取的一种欢乐!

四、场景化生活的来临

虽然中国红走向了世界,成为中国人喜庆和乐观的符号象征,可喜庆不是一个人的事儿,一个人的喜庆被社会定义为疯癫,喜庆总被认为是许多人的事儿。不仅快乐生活的意义在于社会,内省和节俭的生活习惯也是社会性的。与快乐生活一样,内省和节俭只有在家庭、邻里、村寨等"懂"的人中分享才有意义。虽然在理论上,分享的范围越大,影响也越大,意义也越大,可在现实中,由于意义赋予与意会受地方性生活经验积累的影响,西方人的笑话常常很难让中国人笑出声来;同样,广东人的某些喜庆习俗也很难在北京人那里获得共鸣。这就注定了，在跨地域社会交往并不普遍的年代，从衣食住行到语汇表达，生活习惯是地方性的、地域性的。直到当下，菜系依然具有地域性，与菜系有关的生活习惯也保留着属地性。

与个体化社会的崛起相一致，工业化、市场化、城镇化、数字化和全球化推动的人口流动也对中国人的生活习惯提出了挑战。如果说中国人曾经的生活习惯是建立在地方性生活基础上的，那么，在迈向个体化的时代，人们生活在稳定属地的机会越来越少，生活在变动场景的概率越来越大。场景化的社会生活正在变成人们日常生活的常态，稳定的地方性生活习惯对人们的现实意义也越来越小，变动场景的生活习惯对人们的实际意义越来越大。

为体会场景化，举一个例子：乘飞机。飞机是交通工具，是物理场所。可在飞行中会遇到一些场景，如起飞、平飞、降落、颠簸。针对每一种场景，航空公司都和旅客约定了不同的规则，如要求系好安全带、收起小桌板、打开遮光板、折叠脚踏板等。对特殊场景如飞行中遇到不稳定气流甚至飞机故障等紧急状况，还有特殊规则。这就是乘坐飞机的场景化和场景化行动。简单地说，场景化指意义赋予和人的行动均依场景而触发，指运用情景（scene/situation/context/scenario/field）触发人们特定情绪或行动的时空设置已成为社会的普遍现象。[43]

如果人们长年生活在飞机上或只生活在飞机上，那么，变动的场景便有如村寨一年的岁时节令和生活中的事件，即使稀有如生死和婚嫁，遇到了便依据已经形成的规则或惯例来思考和行动。除非遇到变动，否则人们无须独自应对，也无须寻找新的解决方案。

场景化生活意味着人口流动性和遇到新场景的概率大大增加，人们需要不断面对新问题，思考新解决方案甚至付诸实施。生活不再是循规蹈矩，而是要不断创新。一个生活在村寨的人来到大都市，会面对一系列新场景，譬如，与人说话不可以有多大嗓门就用多大嗓门，邻里之间不可以随意串门，无论在家还是出门都不可以随地吐痰，在马路上也不可以不按照交

第三章
择善而从的生活习惯

场景化的生活

当人不再只生活于一个场景，生活习惯的切换也就成为必然。在切换中寻找习惯成为当下乃至未来一段时间人类需要面对的挑战。

通规则随意行走，甚至不可以随意抽烟，等等。总之，许许多多在村寨可以随意做的事情，在大都市都不可以做了。人们说话要小声，找人要预约，痰要吐在纸巾里扔进垃圾桶，走路要走人行道，过马路要走人行横道，抽烟要找被允许抽烟的地方。除了这些有明文规定的场景外，还有更多没有明文规定的场景，都需要"入乡随俗"。这里的"乡"便是场景的变化，"俗"便是与场景一致的规则体系。

场景化生活更源于不断创新的新技术。一个容易体会的例子是，数字技术的创新促进了金融生活的场景化。人们的金融活动曾经只与银行有关，只需要关注银行是不是可靠。如今，还有人为了吃一顿饭去银行取钱吗？人们的吃穿住行等消费活动都与金融活动关联在一起。吃饭没有钱？支付宝花呗、京东白条，有许多可以先消费后还钱的付款方式。金融活动与日常生活紧密关联在了一起，反倒使银行退到了背后。可是，场景化的金融活动不只是让人们花钱"爽"，还需要人们关注与每一项生活消费关联的金融成本和风险。

弄懂金融活动场景化的技术逻辑只是场景化生活的挑战之一而已。

一个不容易体会的例子是"乘公交"这一旧场景的新逻辑。从前,每一个乘坐公交车的人,无论男女老幼、来自何地,都熟悉乘车规则:拿钱买票。刷卡乘车则彻底改变了"拿钱买票"的传统,建构了司乘关系新逻辑,可以被认为是司乘关系的革命。刷卡这一简单的动作除了缔结与公交公司之间的乘车关系,还涉及市政交通、市政一卡通应用服务、支付系统、支付转移和结算系统、支付监管系统、移动终端设备、国家税务等众多利益相关方。其中,如支付系统还关联着更加复杂的利益相关方和监管方。刷卡乘车的纸卡之变,把司乘之间"拿钱买票"的直接双边关系变成了乘客与车票利益相关方之间的复杂网络关系,它意味着技术从效率工具到人类技术环境的转换。正是在这个转换中,司乘之间曾经的直接交易转变为当下的间接交易。"乘公交"的确是一个旧场景,可刷卡乘车却有了新的日常生活逻辑。

如今,由创新带来的场景化生活挑战俯拾即是。如果考虑个体化的崛起,人与人、事物/事务、组织之间高度连接。人的一生中需要面对的场景难以计数,传统的生活经验在场景化新生活面前已经完全失去了效用,人口的大量流动和流动频率的加快又大大缩短了个体经验的有效时间。推己及人的思维习惯、和而不同的社会习惯、择善而从的生活习惯可以支持我们面对变幻无穷的场景化生活吗?也许守正创新,不断地适应场景是我们需要建立的新的生活习惯。

注释

1 《论语·学而》。

2 《亢仓子·训道》。

3 《孟子·离娄上》。

4 《荀子·劝学》。

5 《逐贫赋》。

6 《四书章句集注·论语集注·学而》。

7 《庄子·人间世》。

8 参见赖区平:《论儒家修身工夫的三种进路——从〈中庸〉戒、惧、慎独三义说起》,《哲学研究》2019年第11期,第47—53页。

9 姜广辉:《颜李学派》,中国社会科学出版社1987年版,第43页。

10 参见章林:《慎独与沉沦:观念史变迁中的群己关系研究》,《中南大学学报(社会科学版)》2020年第1期,第32—39页。

11 黄宗羲:《明儒学案·蕺山学案·忠端刘念台先生宗周》。

12 司马光:《训俭示康》。

13 《论语·八佾》。

14 《论语·子罕》。

15 《论语·先进》。

16 《礼记·檀弓上》。

17 《论语·述而》。

18 老子曰:"我恒有三宝,持而宝之。一曰慈,二曰俭,三曰不敢为天下先。夫慈,故能勇;俭,故能广;不敢为天下先,故能为成器长。"——《道德经》

19 《道德经》。

20 《荀子·富国》。

21 《荀子·荣辱》。

22 《荀子·天论》。

23 《荀子·荣辱》。

24 《墨子·节用中》。

25 《史记·管晏列传》。

26 参见刘爱文:《六代豪华——魏晋南北朝奢侈消费研究》,励志出版社 1995 年版。

27 参见姚佳瑾:《唐代奢侈消费禁令》,上海师范大学硕士学位论文,2019 年。

28 刘斧:《青锁高议(后集卷七):温琬》。

29 孟元老:《东京梦华录(卷二):酒楼》。

30 吴自牧:《梦粱录(卷一):元宵》。

31 周辉:《清波杂志校注(卷第三):士大夫好尚》。

32 王蒙:《谈传统文化实际上是谈日常生活》,《解放日报》2017 年 10 月 14 日第 7 版。

33 乌丙安:《民俗学原理》,辽宁教育出版社 2001 年版,第 256—264 页。

34 《礼记·明堂位》。

35 林义光:《文源》,中西书局 2012 年版,第 175—176 页。

36 参见李泽厚:《中国古代思想史论》,天津社会科学院出版社 2003 年版,第 295,126—166 页。

37 乌丙安:《中国民俗学》,辽宁大学出版社 1985 年版,第 306 页。

38 参见李国平、宋梅、孙长龙主编:《中国民俗文化与民间艺术》,河北人民出版社 2016 年版,第五章。

39 参见钱锡生:《忧乐人生——论中国古代的诗酒文化》,《东吴学术》2012年第4期，第28—34页。

40　参见冯健等：《西安枣园西汉早期墓葬出土古酒中菌害分析》，《西北大学学报(自然科学版)》2017年第6期，第859—865页。

41　参见杜景华：《中国酒文化》，新华出版社1993年版。

42　刘静：《论中国酒诗词》，《学术交流》1998年第4期，第98—102页。

43　参见邱泽奇：《技术化社会治理的异步困境》，《社会发展研究》2018年第4期，第2—26页。

第四章

勤勉好学的工作习惯

第四章
勤勉好学的工作习惯

推己及人,从他人的感受出发进行思考;修己安人,从他人的反馈出发施展行动;三省吾身,把自己放在人己关系之中探究成败得失。终究,中国人是把致中和作为安身立命的目标和境界。在与人相处中人己换位,在处理事务中和而不同,在日常生活中宁俭勿奢。对自己如此,对他人如此,对生活如此,那么,对工作呢?人的生活资源都从劳作中来。在劳作中,中国人如何内省与安人?在需要付出体力与脑力的过程中,如何处理人己关系?中国文化的基因符码如何体现在每个人的生计发展和创新工作之中呢?人们又如何把推己及人的思维习惯、和而不同的社会习惯和择善而从的生活习惯落实到劳作之中呢?

一、将勤补拙

中国文化对人己之间的差异有着近乎与生俱来的认同。在孔子设计的社会秩序中，人己差异是默认的前提，以至于在整部《论语》中没有一个"差"字，用到"异"字也只有11处。可是他却明确指出："性相近也，习相远也。"在孔子那里，有差异，再正常不过了。孟子则清晰阐述了对差异的观点，他认为："权，然后知轻重；度，然后知长短。物皆然，心为甚。"[1]在孔孟那里，没有差异才让人奇怪，尤其是人的心性之间。两汉之际，桓谭进一步提出："凡人耳目所闻见，心意所知识，情性所好恶，利害所去就，亦皆同务焉。若材能有大小，智略有深浅，听明有暗照，质行有薄厚，亦则异度焉。"[2]及至宋，张载把人己差异放在自然之中，认为："人与动植之类已是大分不齐，于其类中又极有不齐。某尝谓天下之物无两个有相似者，虽则一件物亦有阴阳左右。譬之人一身中两手为相似，然而有左右，一手之中五指而复有长短，直至于毛发之类亦无有一相似。至如同父母之兄弟，不惟其心之不相似，以至声音形状亦莫有同者，从此见直无一同者。"[3] 人己之间的差异，不仅体现在心智上，也体现在与生计关的能力上，在张载看来，人己几乎在每个方面都有差异。

圣贤对人己差异的认知散落到民间，变成了每个人从小便听惯和内化了的社会规律和行为准则。例如，"十个指头有长短"，指人己之间的总体差异；"萝卜青菜，各有所爱"，指偏好的差异；"仁者见仁，智者见智"，指观点和认识的差异。人们几乎可以从各个维度找到对人己差异的表述。把这些对人己差异的认识应用到工作之中，便有了中医的辨证施治、教育的因材施教、工作岗位的各司其职等实践策略。最终，人们在工作中将其归纳为一个人胜任工作的能力。例如刻画一个人的能力覆盖面宽，"文能提笔安天下，武能上马定乾坤"；描绘一个人笨拙，"傻头傻脑""榆木脑袋"。

默认个体之间存在能力差异，对人们处理好人己关系提出了挑战。如何在不同能力的人中建构致中和的社会格局,是中国社会始终面对的最大挑战。圣贤们提出了一套方案,且经年积累而不断完善。孔子讲:"君君,臣臣,父父,子子。"[4] 他把人划分为四类,即生而知之者、学而知之者、困而学之者、困而不学者,希望具有不同能力的个体被安置到适宜的位置,各得其所。

然而,中国传统的另一精髓则主张,无论个体之间的能力有怎样的差异,每个人依然要发挥自己的主观能动性,要尽力,要"勤"。在认识到人己差异时,中国文化便扎下了"勤"的根。"勤者,有事则收之。"[5] 在先秦时期,"勤"已经被用作在比较中不利一方弥补天生不足的策略和手段。《左传·宣公十二年》有:"民生在勤,勤则不匮。"在金文里,勤字象形,像人遭受火烤等,旁边画一条手臂,表示辛苦劳作。《说文解字》说:"勤,劳也。"对"勤"原生意义的赋予让中国文化崇尚"勤劳"视之为一种美德,《尚书》里多处有"勤",如"克勤于邦""克勤无怠""祗勤于德""惟德之勤"。《诗·周颂·赉》还用"勤"歌颂周文王,"文王既勤止"。

第四章
勤勉好学的工作习惯

在中国文化里,无论是君王还是百姓,"勤"都是人们希望自己拥有的美德,也是期待改善自我、逆境重生的首选方案。子曰:"君子谋道不谋食。"[6]的确,对君王圣人,谋道以利万民。可对绝大多数人而言,谋食还是人生的主要目标之一,"勤"便成了君王圣人应对能力差异谋道,万民应对能力差异谋食的必备素质。俗语说,"人勤地不懒",说的正是其背后的逻辑。

韩愈在《进学解》中说:"业精于勤,荒于嬉;行成于思,毁于随。"他教导那些即使进入太学的人,也需要勤奋。韩愈之后,白居易的故事进一步把勤劳阐述得清楚明白。公元825年,白居易调任苏州刺史。苏州地广,事务极其繁杂。白居易自认为生来笨拙,尝试以勤奋弥补。于是,上任后谢绝宴请,一心处理公务,很快熟悉了当地情况,整顿吏治,政绩极好。于是在《自到郡斋题二十四韵》中写出了脍炙人口的"救烦无若静,补拙莫如勤"。宋代邵雍在《弄笔吟》中也有"弄假象真终是假,将勤补拙总输勤"。同处宋代的黄庭坚说:"持勤补拙,与巧者俦。"他们都在用自己的切身体验讲述用勤奋弥补笨拙的成效,只有勤奋才可以使自己与聪明人为伍。明代冯梦龙在《醒世恒言·徐老仆义愤成家》中说得更加明白,"富贵本无根,尽从勤里得。请观懒惰者,面带饥寒色"。他希望告诉人们,富贵来自勤劳,如果不勤劳,便只能饥寒交迫。

对"将勤补拙"的信仰,让中国人在家训中把勤劳作为立家之本。诸葛亮的《诫子书》中有"非学无以广才,非志无以成学"。颜之推的《颜氏家训·勉学篇》强调:"自古明王圣帝,犹须勤学,况凡庶乎!"《朱子治家格言》开篇即言:"黎明即起,洒扫庭除,要内外整洁。既昏便息,关锁门户,必亲自检点。"又有曰:"祖宗虽远,祭祀不可不诚;子孙虽愚,经书不可不读。"宋代开始流行的蒙学读物更是把勤奋作为基本要求,如《神童诗》中有言,"少小须勤学,文章可立身。满朝朱紫贵,尽是读书人"。

与圣贤倡导、家训警示、蒙学灌输相一致,在中国流传的传统故事里,人们可以发现众多勤劳勤奋的榜样。"凿壁偷光"是众多例子中的一个。《西京杂记》

第四章
勤勉好学的工作习惯

凿壁偷光

无论思考还是动手，勤，既是改变现状的最后选择，也是第一选择。在中国人的习惯里，不仅在工作中鼓励勤，几乎在每一种场景都鼓励勤。

卷二有:"匡衡字稚圭,勤学而无烛。邻舍有烛而不逮,衡乃穿壁引其光,以书映光而读之。"故事讲西汉时期的一位丞相匡衡,小时候勤于读书,可家境贫苦,为解决晚上没有灯烛而无法读书的难题,他在富贵人家壁缝的基础上,凿出了一个孔,借光读书。类似的故事还有华佗拜师学艺,祖逖闻鸡起舞,李白铁杵磨针等,说的都是因"勤"而获得特别回报的故事。在当下的榜样故事里,"勤"依然是最重要的内容,无论是创新故事、创业故事、发展故事,皆如此。对国家领袖,在称颂其伟大之时,"勤"也是不可或缺的内容,如毛泽东的勤俭建国,邓小平的要勤俭办一切事情等。

无论是勤劳、勤学,还是勤政,从普通百姓到圣人君王,中国文化始终把"将勤补拙"作为解决自身"短板"的万应灵丹代代传承,勤也成为中国人对待工作的基本态度,进而形成了一系列相互关联的伦理准则,如传统社会在"贫"与"娼"之间,人们会选择笑贫不笑娼,对自食其力的人总是积极鼓励的。当下,无论是家庭教育、学校教育、同伴教育、同事教育,还是自我教育，将勤补拙依然是中国人对待工作的基本态度，且发展出了一整套实践方法，如耳勤、眼勤、口勤、腿勤、手勤、脑勤，从身体感知体悟到思考反省，在归纳和总结个体成功的经验时，强调"勤"依然常见。在中国现行初等教育教材中，学习"勤"之美德是重要内容。课文的内容虽然纳入了人类智慧的成果，根基还是中国文化的"勤而不匮"。

二、见贤思齐

如果以为中国文化调教出的工作习惯只有"勤"，那显然是误解。"勤"只是补拙的手段和方法，目的还是修己，即改善自我修为，提高自己的社会经济地位。广义理解，我们甚至依然可以将其当作内省的一部分。如何通过工作进行内省，进而改善自己的修为呢？在人己关系的社会中，人们对自我修为、对自己社会经济地位的评价是以他人为参照的。那么，以谁为参照呢?孔子在《论语·里仁》中提供了答案,"见贤思齐焉,见不贤而内自省也"。

关键是,孔子的"贤"所指为何。作为名词的"贤"是一个多义词,基础含义为有才德之人,许慎《说文》曰:"贤,多才也。"引申为与才德相关的各种言行:《周礼·大宰》有"三曰进贤",指的是善行;《诗·小雅·北山》有"大夫不均,我从事独贤",指的是美善;《庄子·徐无鬼》说,"以财分人谓之贤",指多财;《史记·廉颇蔺相如列传》有"相如既归,赵王以为贤大夫,使不辱于诸侯,拜相如为上大夫",指的是有大功德;等等。归纳起来,"贤"指与才德关联的诸多美好、善行、功德,是值得尊敬与崇拜的品质。在社会层面强调贤德与孔子倡导"仁"不无关联,与中国政治的德治也一脉相承,[7]强调的是伦理。如果我们把孔子对贤德的倡导与中国文化对人性的认知和对人己关系的设定联系起来,便可以理解见贤思齐的"贤"是指在伦理上占据高位的人。

当我们把"勤"和"贤"摆在一起的时候,问题便

第四章
勤勉好学的工作习惯

自然产生了,那就是:人们的勤劳和勤奋何以要与贤德贤明相关联?一个直接的理解是,解决"勤"的方向问题。"勤"可以向善,也可以作恶。在一个崇尚向善的社会,崇尚致中和的社会,让"勤"沿着"贤"的方向,才是社会期待的。《周易·系辞上》曰:"有亲则可久,有功则可大。可久则贤人之德,可大则贤人之业。"这说的是,处世长久,才是德才兼备者的德性;立身宏大,才是德才兼备者的事业。《大戴礼记·哀公问五义》引述孔子说法:"所谓贤人者,好恶与民同情,取舍与民同统,行中矩绳而不伤于本,言足法于天下而不害于其身,躬为匹夫而愿富,贵为诸侯而无财。如此则可谓贤人矣。"这话是不是孔子说的另当别论,可想表达的意思非常清楚,贤人是德才兼备的人,是与百姓共情的人,是与百姓选择一致的人,是执行中庸之道的人,是不伤害"仁"之根本的人,是言行可作为百姓行为准则的人,是指导百姓行事成功的人,是作为平民时有发家致富志向的人,是作为王侯将相不积攒私财的人。成为这样的人,便是"勤"的方向。

与见贤思齐相一致的是中国社会的制度支撑,"选贤任能"是这一支撑的典型。始皇帝建立统一的中国,采用郡县制,便奠定了中国精英治理(meritocracy)的制度传统。选拔什么样的官员直接影响一个朝代的兴衰,也成为精英治理的精髓。从察举制、九品中正制到科举制,围绕选贤任能,中国历朝历代都在寻找适宜的制度。不管是哪一种制度,选贤任能的宗旨始终未变。这便使得社会在整体上崇贤尚贤,不仅希望政治贤明,士绅贤达,百姓贤良,女性贤淑,还希望工作贤劳,君主要做贤主,臣子要做贤臣,丈夫要做贤夫,妻子要做贤妻,儿子要做贤子,女儿要做贤女,学生要做贤生,兄长要做贤兄,弟弟要做贤弟,家要做贤门,府要做贤府,即使是一个侍从,也要做贤从,等等。在工作中,只要有头衔和岗位,都可以加上一个"贤"字作为工作的努力方向。

中国历史上有许多贤臣。如商朝的比干,西周的周公旦、姜子牙,春秋战国时期的如管仲、商鞅、伍子胥、范蠡、王翦,秦朝的蒙恬、蒙毅,楚汉时期的范增、张良、陈平、萧何、曹参、周亚夫、霍去病、荀彧、鲁肃,三国时期的诸葛亮、陆逊,两晋时期的羊祜、卢钦、祖逖、陶侃、桓温、谢安,唐代的房玄龄、魏徵,宋代的寇準、苏轼,明代的刘伯温、方孝孺、解缙、于谦、徐阶、高拱等。除了诸子百家,还有许多贤人,如诗圣杜甫、词圣苏轼、书圣王羲之、画圣吴道子、医圣张仲景、药王孙思邈、茶圣陆羽、史圣司马迁、文圣欧阳修、武圣关羽、兵圣孙武、谋圣张良、棋圣黄龙士、曲圣关汉卿,几乎每一种职业中都有人们景仰的圣贤。

除了那些在纸上的圣贤,中国文化对圣贤的尊崇还造就了另一种见贤思齐的实践,那就是树立在身边的榜样,且每一个时代的"身边榜样"都透着时代的气息,传统的士绅曾经是村寨社会公平和稳定的压舱石,是下一代学习发展的助推器,是良好社会风气的标杆。如今,很多村寨都会评选各种为本村寨做出过积极贡献的人,如重庆市合川区香龙镇为平安乡村建设评选公益绅士、是非辩士、消息说士、平安骑士、爱心善士；浙江省舟山市在村寨评选"五匠"，倡导村民学好技术促进家庭增收和村寨发展。中国几十万个村寨，几乎每个村寨都有身边的榜样。村寨如此，城居亦如此，每一个城市居民区，也有居民身边的各类榜样。工作场所照样如此，无论是政府机构还是企事业机构，每年都会评选各类先进人物、积极分子，他们便是每一个人身边的贤人，是每一个人对照的参照系。

当我们始终"见贤思齐"时，便构造了工作场所的人己关系，暗合了中国文化缔造的思维习惯、社会习惯和生活习惯，这些习惯与工作习惯一起组成了中国人的人性与习惯的一部分。2014年5月，习近平在北京市海淀区民族小学主持召开座谈会时说："各行各业都有很多值得我们学习的榜样，包括航天英雄、奥运冠军、大科学家、劳动模范、青年志愿者，还有那些助人为乐、见义勇为、诚实守信、敬业奉献、孝老爱亲的好人，等等。榜样的力量是无穷的。大家要把他们立为心中的标杆，向他们看齐，像他们那样追求美好的思想品德。"

第四章
勤勉好学的工作习惯

榜样的力量

勤的方向在哪里？在榜样那里！在中国人的习惯中，人们总希望自己的前面有一个榜样。

从君王到百姓，从传统的士农工商到如今的百业千工，中国文化塑造的人性让我们从不满足于现实，一直在寻找比自己更好的人作为榜样，见贤思齐的工作态度也融进了中国人的人性之中，始终在推动人们形成将勤补拙的习惯。

三、技术地工作

21世纪之前，中国始终是一个农业社会，90%以上的人口生活在农村，甚至人民的基本生计也依赖农业。经济生活对土地的依赖使得人地关系成为判断一个地区百姓生计的重要依据。费孝通曾依据人地关系将中国人的生计划分为三种主要类型，即人多地少、人地相当、人少地多。[8]人多地少的如东部和东南部的江浙沪地区，人均土地资源无论如何都不足以养活当地人口。为了生存与发展，人们不得不在土地之外寻求其他生计，家庭手工业和乡村工副业是主要形式。

人地相当的如中部地区，人均土地资源可以满足正常的生计需求，可气候和环境条件的变化让农业产出极不稳定，人们还得在农业之外寻求其他生计支持。人少地多的如东北和西部地区，土地资源足以支持人们的生计，可气候和环境条件却不能保障地里农作物的收成，人们还得储备其他的生计手段，以备不时之需。地区不同，对生计的支持不同。在农业之外，补足生计的重要内容是人们用技术从事农业以外的其他工作。拥有和运用技术是中国人在农业之外维系生计必要的能力。即使只从事农业工作，技术也是获得收成的重要保障。

传统中国重农抑商，视工商为雕虫小技，在人群的划分上，也把工商排在士农之后，其实，那都是从政治和政权稳定视角出发的考量。在现实生产和生活中，人们从不避讳技术之于生产的重要性。《周礼·地官·保氏》有："养国子以道，乃教之六艺：一曰五礼，二曰六乐，三曰五射，四曰五御，五曰六书，六曰九数。"通常认为，礼、乐、射、御、书、数是周朝贵族教育系统教授的六种技能,在那时就已经将其作为与国家兴亡有关的内容。《周礼·考工记》开篇便说:"国有六职,百工与居一焉。"《考工记》记录了周代手工业的分类、工艺和技术,"不但在中国工程技术史上占有极重要的地位,其内容包罗的丰富,某些部分(例如车)叙述的完整性和科学性,在当时的世界上是找不到第二部的"[9]。

对技术的重视在中国古代甚至促成了一整套教育与传承体系,包括学校教育、职官教育、家庭教育、师徒教育、行业教育等多种形式。其中,家庭教育和师徒教育具有最悠久的历史,学校教育到唐代也形成了正式的专门教育。《唐六典·国子监》明确记载了官方教育的分科教育,国子监设书学博士二人,"掌教文武官八品已下及庶人子之为生者,以石经、说文、字林为专业,余字书亦兼习之。石经三体书限三年业成,说文二年,字林一年";设律学博士一人,"掌教文武官八品已下及庶人子之为生者,以律、令为专业,格、式、法例亦兼习之";设算学博士二人,"掌教文武官八品已下及庶人子之为生者,二分其经以为之业:习九章、海岛、孙子、五曹、张丘建、夏侯阳、周髀十有五人,习缀术、缉古十有五人;其记遗三等数亦兼习之。孙子、五曹共限一年业成,九章、海岛共三年,张丘建、夏侯阳各一年,周髀、五经算共一年,缀术四年,缉古三年"。

在秦统一中国之前,六艺教育是学校教育的重要内容,"礼"有吉、凶、宾、军、嘉,"乐"有云门、大咸、大韶、大夏、大濩、大武,"射"有白矢、参连、剡注、襄尺、井仪,"御"有鸣和鸾、逐水曲、过君表、舞交衢、逐禽左,"书"有象形、指事、会意、形声、转注、假借,"数"有天文、历谱、五行、蓍龟、杂占、形法等内容。秦朝之后,逐步形成了更加丰富的职业教育内容,几乎涉及国计民生的各个方面,如天文历算、冶炼铸造、纺织造器、农医兵器等,归纳起来,大致有四个大的门类,即天、算、农、医。综合性的技术类著作如《夏小正》《墨经》《考工记》《营造法式》《天工开物》等涉及数千种职业技术。专题著作更是丰富,

遍修技艺

技多不压身是对勤勉的又一种激励,对技术的崇拜既是追寻生计使然,也是成为榜样的一条路径。

其中最为丰富的是医学和农学。在医学领域，从《黄帝内经》开始，几乎每一朝代都有专门的医书印行，有综合性的、有关专门疾病的和专门技能的。为有效利用医书，历代的正史中均有专门的医书目录，从医者也积累着自己的医书目录，如明代的《澹生堂藏书目》便把医家分为经论、脉法、治法、方书、本草、伤寒、妇人、小儿和外科等。

即使从事农业生产，技术也始终是农民劳作中不可或缺的部分，且经过逐步积累，中国发展出世界上堪称精湛的传统旱地耕作、水田耕作以及精耕细作技术。在技术传承中，设官教民是基本方式，《史记·周本纪》有"弃为儿时，屹如巨人之志。其游戏，好种树麻、菽，麻菽美。及为成人，遂好耕农，相地之宜，宜谷者稼穑焉，民皆法则之。帝尧闻之，举弃为农师，天下得其利"。据《周礼·地官司徒》记载，司徒官员教民生产的十二项职事，涉及大田农作、果树、蔬菜的耕种技术，山林材物的采伐技术，野生果物的采集技术，豢养鸟兽的养殖技术，以及化治丝麻等副业操作技术。西周时期的做法,在之后中国的历史中以不同形态获得了传承,如西汉时设治粟都尉。农业在生产活动中的崇高地位也鼓励一些有兴趣的官员将自己的观察和实践记录下来,《吕氏春秋》中已有"上农"等四篇,传世的名著如《氾胜之书》《齐民要术》《兆人本业》《司牧安骥集》《农桑辑要》《王祯农书》。西汉以来的每一个朝代都有自己的农书,《中国农学书录》编录的农书有541种,明清时期流传的农书约有830余种。[10]

钻研技术的工作习惯支撑中国社会绵延发展几千年,在天文、历算、农学、医学领域形成了系统的技术体系,维系着不断增长的人口的生计,也维系着中国人的健康,直至遇到近代科学的挑战。自17世纪中叶以来,科学技术成为推动经济和社会发展的动力,在生产活动的竞争中,中国传统技术完全失去了优势。历史地看,中国传统技术大多属于环境友好的个性化技术,而西方现代技术大多属于罔顾环境的批量化技术,这是技术范式的历史变革。批量化技术促进了生产发展，也让货币与技术之间形成了相互促进的巨大力量，在这个进程中，中国变成了技术落后的国家。值得庆幸的是，中国文化对技术的崇尚已经成为中国人从事生产活动基因的一部分，在历经百年的奋发图强中，中国人努力学习和实践现代技术，特别是在过去40多年中，中国用相对短的时间走过了一些国家用百年甚至二三百年才完成的工业化道路，正逐步迈向现代技术发展的前沿。如今，技术早已不限于六艺，而是渗透到从传统农业到最尖端、最前沿领域的每一个角落，每一个处于工作场景的人都面对着技术性要求，也在运用自身的技能或学习新技能来满足工作需要，从而赋予工作技术以社会和生活习惯的意义，对工作技能的追求依然是中国人共同的追求。

四、创新性工作的机会

如果说从师徒制到学校制的发展是对工作技能的训

练,那么与世界上许多发达国家不同的是,中国社会还没有进入真正的工业技能时代,就开始转向了数字和智能时代。在过去的100多年里,中国人工作技能变迁的速度是整个人类前所未有的。在传统中国社会,农业技能传承千年,变化不大,一个人熟悉一项技能便可以一辈子依赖它谋求生计,还可以将它传授给自己的子孙后代,世代沿袭。甚至在20世纪80年代之前,中国人的工作技能变迁依然很慢,习得一项技能,一个人可以解决一辈子的生计,如一个人在20世纪50年代学习了修车技术,到80年代还可以谋得职位,甚至因其30多年的实践经验,更容易谋得更高的职位。可是,到了90年代,这种技术便被逐渐淘汰了。传统的汽车修理主要是根据机械原理,到了90年代,汽车电气部分的比重大大增加,不懂电气,便修不了汽车。进入21世纪,90年代的技能也过时了,汽车修理更多地运用了数字技术和网络技术,不懂计算机,不懂计算机辅助诊断,也修不了汽车。

在过去的40多年里,中国人的工作岗位经历了从

第四章
勤勉好学的工作习惯

教科书式的模仿，到改进式模仿，再到创新性模仿，进而正在快速过渡到依赖原始创新的阶段。支撑中国人职业结构的关键因素是技术，在职业结构中，三次产业从业人口比例的变化意味着技术对职业结构重组的影响。1978年，中国就业总人口约4.0亿，三次产业就业人口的比例约为71:17:12；2017年，就业总人口7.8亿，三次产业就业人口比例为27:28:45。[11]当然，产业人口结构的巨大变动不完全是受技术的影响，也混合了产业结构效应。1982年中国流动人口规模为657万，2014年达到2.53亿。值得强调的是，第二产业占比的变化主要是因技术对劳动力的替代。在职业结构的变动中，技术主要来自引进。20世纪80年代以后，技术引进大约分为三个时期：1978—1990年，以填补专业领域空白为主要目标，引进技术和设备1.7万多项，其中硬件技术占85%，软件技术占15%。1991—2000年，以改造行业传统设备为主，中国累计技术引进合同数量为36722份，除了技术和设备，技术转移、技术许可、技术咨询、技术服务等携带创新的技术引进比例逐步上升,如2000年的占比达到了42%。2001年以来,以专有技术许可、技术咨询和技术服务为主,引进项目的数量波动上升,2006年超过1万个项目。其中,"软技术"的交易额不断上升,2010年占合同总金额的比例达85%;成套设备等"硬件技术"的交易额占比不断下降,2011年已下降至2.8%;技术交流的趋势也日渐明显。[12]

测量技术发展有三个关键指标,其中两个是研发人员和研发产出。1992年研发人员全时当量67.43万人年,2016年达387.81万人年,2018年达419万人年;1978年中国的专业技术人才规模为559万,2015年底为7328.1万。2011年,国家知识产权局受理的发明专利申请量首次超过美国,跃居世界第一位,中国成为世界上最快突破100万件发明专利累计授权量的国家。2016年国内有效发明专利拥有量破百万,成为继美国、日本后第三个超百万的国家。2005年中国科技人员发表科技论文94万篇,2016年达165万篇,论文总量和被引用量居世界第二位。

测量社会对技术创新与应用支持的一个指标是研发投入占 GDP 的比重，它也是测量技术发展的第三个指标。1990 年中国研发支出 125 亿元，占 GDP 的比重为 0.7%；2018 年达 1.96 万亿元，占 GDP 的比重达 2.2%，中国已经是世界上第二大研发投入国，其中华为一家企业的投入便达到了 1015 亿元。在中国，还有一个同样重要的指标，即技术的环境。1987 年中国诞生第一家科技企业孵化器，到 2016 年底，纳入火炬计划的众创空间有 4298 家、科技企业孵化器有 3255 家、企业加速器有 400 余家，加上 19 家国家自主创新示范区和 156 家国家高新技术区，形成了技术发展生态圈。2000 年之前经历了从行业设备、民生工业设备、传统设备改造，到专业设备与技术引进的阶段；后期关注技术转移、许可、咨询、服务等软技术的引进、吸收、消化、转化。

仅仅 40 多年的时间，技术发展对中国人的技能需求在一代人之内便发生了多次变化。在技术发展最前沿的领域，3—5 年便是一个技术迭代周期。一个人如

奉贤

传统的先贤不断远去,国外的榜样也在被追赶甚至被超越,中国人正在或即将面对的是自己作为自己榜样的时代。

果依然希望用在职业教育或高等教育期间习得的知识与技能谋一辈子的生计，至少在技术发展的前沿领域已经完全没有可能了。如果说中国人在过去40多年凭着见贤思齐便很快地引进、借鉴、消化、吸收了技术，促进了中国经济和社会的发展，那么，当下的格局意味着，在一部分甚至将来的主要技术领域，中国人试图学习国外的"贤"不见了！

摆在我们面前的只有两条路，一条是等别人发展了再去学习和拿来，另一条是自己创新。当下的世界格局告诉我们，走第一条路貌似有困难了，美国对华为的技术封锁已经为这条路提供了前景，剩下的只有第二条路，它正是中国人创新性工作的机会。"贤"总是会不断出现的。2000年之后，软技术占比快速上升，引进创新快速凸显，自主创新趋势也日渐明显，出现了标志性创新技术。在国家层面，"两弹一星"、载人航天、探月工程，使中国的空间科技研究在短时间内进入世界前列。在民用领域，华为已经为创新性工作做出了榜样。在不同的领域，我们还有不同的榜样，如中国高铁、数字支付、电子商务、共享服务等领域。凭借"将勤补拙"的工作态度，我们是否还会传承见贤思齐的工作习惯，可能需要等待一个时期才有机会判断，至少中国文化塑造的工作习惯，不乏产生"贤"的社会土壤。进入21世纪，中国已经成为世界上少数几个技术出口大国，世界知识产权组织的公报显示，在PCT框架下，1999年中国提交的专利申请为276件，2019年提交了58990件，20年间增长了200多倍，超过美国提交的57840件，成为PCT最大用户。这些事实表明，中国文化塑造的工作习惯或许更有利于创新性工作和发展。

注释

1　《孟子·梁惠王上》。

2　《新论·言体》。

3　《张载集·语录中》。

4　《论语·颜渊》。

5　《礼记·玉藻》。

6 《论语·卫灵公》。

7 参见张晋藩:《论中国古代的良法、贤吏与善治的统一性》,《国家行政学院学报》2018年第6期,第4—11页。

8 费孝通在《江村经济》里已有分类,待到《云南三村》,即明确了这一分类。参见费孝通:《江村经济》,北京大学出版社2012年版;费孝通、张之毅:《云南三村》,社会科学文献出版社2006年版。

9 吕思勉:《先秦史》,沈阳出版社2013年版,第55页。

10 梁家勉主编:《中国农业科学技术史稿》,农业出版社1989年版,第573页。

11 依据国家统计局《中国统计年鉴》历年数据整理。

12 参见李虹:《国际技术转移与中国技术引进》,对外经济贸易大学出版社2016年版,第182—186页。

第五章

张弛有度的休闲习惯

第五章
张弛有度的休闲习惯

休闲是人生活的重要组成部分,尤其是在成年以后。个体的休闲生活,既反映了一个人生活的品味和格调[1],进而体现其社会经济地位,更是社会的传统和文化在个体身上的呈现。一个社会的休闲,则是一种文化的呈现,是一个社会的习惯。如今的休闲,还是世界经济体系的一部分,如旅游,一部分人的休闲成了另一部分人的生计与生活来源,休闲活动的范围也在不断向人类身体与精神世界的两极发展和分化。在身体一端,人类在不断挑战健康身体机能的极限,除了专业运动,休闲运动也在向专业标准看齐;在身体的另一端,人类也在挑战毁灭身体机能的极限,烟酒、药物、性,是人类放纵的乐园。在精神的一端,人类还在追求宗教,世界上很多人依然声称自己有宗教信仰,即使事实上我们很少看到传统仪式化的宗教活动;在精神的另一端,人类则在挑战精神的毁灭,在毁灭身体的同时毁灭精神是一类,放弃所有行为准则为所欲为是另一类。声称有宗教信仰的人容易对大多数没有明确宗教信仰的中国人产生误会,以为他们是没有行为约束的人,是没有信仰的人。可事实上,从修己安人入手,中国文化训练了中国人的一整套习惯,和生活与工作一样,休闲也是其中的一部分。中国人依靠现世的文化涵养,让即使是休闲和娱乐也处于中庸之道。

一、忌玩物丧志

休闲活动的一种是玩乐。玩乐是对时间、精力和金钱进行消费且旨在取乐的身体和精神活动。在一个社会里,常见的、社会认同的娱乐可被称为玩乐习惯。在时间有限的前提下,中国人对玩乐的认知是将其放在与学习、生活、工作的比较之中,譬如中国许多地区的人喜欢打麻将。

历史上，生计的压力让百姓不可能有太多空余时间用来取乐。有机会玩乐的常常是社会的有闲人群，如官员、士绅、商贾、读书人，可这不意味着百姓不玩。总体上看，中国人的玩乐大致可以分为三类：一类，我称之为文玩，如饮酒赋诗作画，游山玩水鼓瑟琴箫，饮食听曲品茶等；第二类，我称之为武玩，像骑马射箭，武术竞技，奔跑角力等；还有一类可称之为宠玩，如侍弄鸟兽虫鱼花木等。无论文玩、武玩，还是宠玩，与之相关的现存文献可谓汗牛充栋，不可尽数。

在文玩中，玉石可以作为例子。早在青铜时代之前，玉石已成为中国社会尊宠的物件，考古学家甚至认为中国有一个介于石器和青铜时代之间的玉器时代。在先秦考古中出土的大量墓葬玉器说明，玉石在中国文化中有着重要甚至神圣的地位。拥有最高权力的皇帝，其印章用玉，被称为玉玺；普通百姓也希望有几件玉器，女人手上戴的玉镯便是代表，无论何种质地，有一件玉器总是让人欢喜的。周代帝王用玉石制作礼器拜祭神明。在汉代,地位尊贵和地位特殊的人穿着金缕玉衣入土。迄今为止,在河南、江苏、安徽、山东等地的墓葬中都有金缕玉衣出土。玩玉早已成为中国文玩中最引人注目的一类,在千百年的历史中绵延不绝。直到如今,在各地文玩市场中,玉器依然是最重要的一类。今人与古人玩赏的玉石材质和器件或许不同,玩赏的方式也许有异,中国没有皇帝也已过百年,自然再没有玉玺一说,可人们对把玩玉石的兴趣却没有半分减少,把玩的人群范围甚至变得更大,从传统的王公贵族延伸到如今的黎民百姓。在玩玉中,赌石甚至成为一项幸运活动,让少数人在取乐中一夜暴富,也让更多的人在贪婪中玩物丧志,甚至倾家荡产!

在武玩之中,角力是最常见的。中国历史上最有名的武玩事例莫如武王举鼎。《史记·秦本纪》记载:"王与孟说举鼎,绝膑。"秦武王嬴荡天生神力,沉迷于各类角力。在秦惠文王时期,嬴荡便极喜召集蛮力之人比试。嬴荡当政后,凡孔武有力者皆得到重用,掌握重权者多为武人,齐国孟贲也向武而秦。他甚至沉迷到用武力挑战周天子的政治权威。在东周洛阳拜谒周天子期间,武王竟然要与孟贲举鼎取乐,孟贲不力,谢举;嬴荡却定要试试,结果折断胫骨而亡。在武玩之中,类似嬴荡举鼎的故事不胜枚举,擂台赛便是其中之一,也始终是人们角力或围观角力取乐的方式,代代相传。

宠玩是中国人休闲活动的一般形态,上至天子,下到百姓都玩宠物。传说,黄帝的园囿之中就饲养着珍禽异兽,舜帝时"象为之耕""鸟为之耘"。不同社会阶层都有自己的宠物,秦汉之际,繁华的临淄城里,百姓"斗鸡走狗,六博蹋鞠"[2]。

不同时期的宠物还携带不同时代的特色。以唐代为例,受尚武和尚玩等时尚的影响,唐代人把玩的宠物以猛兽和猛禽为主。除宫廷饲养之外,民间饲养非常普遍。皇家人多养鹰犬、象、犀、狮子等大型猛兽,国家还设立了五坊、鸡坊、马坊、闲厩等专门管理机构,以及驯师职业。民间则多养鹦鹉、狗、鹤等小型禽兽。与宠物嬉戏是唐人流行的休闲活动。宠物和玩宠常被写入诗文,如胡皓的"鹦鹉殊姿致,鸾皇得比肩",李白的"犬吠水声中,桃花带露浓",杜甫的"生女有所归,鸡狗亦得将",白居易的"寒松纵老风标在,野鹤虽饥饮啄闲"等。宠物和玩宠也常被画入册壁,如"簪花仕女图"中的猧子与仙鹤,其他画作中还有如鹦鹉、鹤、狗、猫、蟋蟀等。宠物更多的则是被百姓娱乐,如斗鸡、舞兽,包括人的自娱,如拟兽戏和拟禽戏。

到宋代,城市的兴起让城市人和乡村人对宠玩有了不同的认知。崇文抑武的政治让大型动物归于园林,把玩宠物也从功能上开始区分,如狗和猫看家护院、捕鼠持仓。黄庭坚的"养得狸奴立战功,……四壁当令鼠穴空"说的是养猫捕鼠。梅尧臣《祭猫》说"自有五白猫,鼠不侵我书",指的是将猫作为保护书籍的宠物把玩。窗前野草、盆池小鱼在理学家眼里又成了体悟自然的设置,是文人们怡情养性的玩伴。金鱼、乌龟、鸽子、鹦鹉、孔雀、鸢、鹞、隼、鹤、鹧鸪、白鹇、鸳鸯等都有人把玩。宋代词画的兴盛让这些玩物情境留在了大量文献之中,如许及之的"今晨水澄澈,梭影泛琉璃",汪洋的"松竹窗边拂简书,芙蓉水伴戏龟鱼",苏轼的"去年柳絮飞时节,记得金笼放雪衣",张耒的"剑翎钩爪目如电,利吻新淬龙泉锋。少年臂尔平郊去,草动人呼跃寒兔",等等。几乎每一把玩之物,都能在宋代的文献,无论笔记还是诗词画本中找到记载。直到如今,文玩、武玩、宠玩依然是中国人休闲生活的重要内容。

不过,在中国的内省文化中,对玩物始终保持着警惕。《周易·豫卦》初六爻辞曰:"鸣豫,凶。""豫",逸豫,快乐。"鸣豫",尽情享乐之意。《象》曰:"初六鸣豫,志穷凶也。""志",心意;"穷",尽,竭。玩物丧志,必至于凶。周武王姬发灭商立周之后,一面分封诸侯,一面派出使臣号召周边各国臣服。一些国家和部族派出使臣到镐京纳贡。一位使臣为周武王献上一条大犬,颇通人性,见了周武王还俯首行礼。周武王大悦。退朝后,太保召公姬奭便写了《旅獒》呈

武王退獒

在勤与玩之间,中国人的习惯是把握分寸,可有时连帝王也会失了分寸,内省的思维习惯鼓励社会对帝王的监督。

第五章
张弛有度的休闲习惯

给周武王,说:"人不易物,惟德其物。德盛不狎侮,狎侮君子,罔以尽人心;狎侮小人,罔以尽其力。不役耳目,百度惟贞。玩人丧德,玩物丧志。志以道宁,言以道接。不作无益害有益,功乃成;不贵异物贱用物,民乃足。"[3]武王纳谏,于是把收到的贡品分赐给了诸侯与有功之臣。与周武王形成鲜明对照的是隋炀帝。为游江都,他命百姓开凿运河;为让船上宫女遮阴,他又命百姓沿运河岸植树栽柳;到了江都,他还命百姓修建亭台楼榭,建迷楼,终因玩乐而亡己亡国。与周武王形成对照的不只有隋炀帝,早在周武王之前已有商纣王,之后还有周幽王、秦二世胡亥、汉桓帝、汉灵帝等。

子曰:"饱食终日,无所用心,难矣哉!不有博弈者乎?为之,犹贤乎已。"[4]中国人对玩物丧志的警惕虽早,可将玩物丧志理论化并世俗化的依然是中国文化的承载者,即诸子经典。直到明清,文人志士还在辨析哪些行为应该被归入玩物丧志之列。譬如读书入迷,不伺思考,也有人称之为玩物丧志。

"上蔡*诵史,不遗一字,程子责其'玩物丧志'。"[5]社会也普遍认为,玩要玩得有意义,有益于推己及人,有益于修己安人,有益于三省吾身,有益于见贤思齐。但是,即使是为了内省,依然要警惕玩物丧志;对文玩、武玩、宠玩,则更不可沉迷其中,不思进取。我认为,忌讳玩物丧志其实是中国文化位育的思维习惯和社会习惯在娱乐活动上的投射和表现。

二、尚张弛有度

在中国文化滋润的社会生活场景里,一个人如果始终劳作不伺修养,会被称为傻呆;如果总是嬉闹不伺劳作,又会被称为好闲。不玩不行,玩过了也不行。那,到底该如何呢?每当此时,人们的脑子里都会出现"张弛有度"这个词。《说文解字》曰:"张,施弓弦也。"

---

* 上蔡,指谢良佐,程朱理学桥梁人物,被称为"上蔡先生"。

第五章
张弛有度的休闲习惯

《左传·昭公二十年》曰:"琴张,孔子弟子,字子开。"《墨子·亲士》说:"良弓难张,然可以及高入深。""张"与"弛"对应,《礼记·杂记下》有"一张一弛"。"张"和"弛"是两种状态,"张"引申为紧张和紧绷的状态,就像被拉满的弓弦,承受着最大的张力;"弛"引申为放松和闲散的状态,就像是被松开的弓弦,没有任何张力。如果把"张"放到生活和工作中,指的是始终在为生活和工作操心,始终处于生活和工作的劳作之中,即过劳;如果把"弛"放在休闲之中,指的是始终处在玩物状态,有玩物丧志之嫌。

其实,在中国文化中,从来都没有纯粹的生活和工作,也没有纯粹的娱乐。在生活劳作和休闲之间把握分寸,始终是中国文化倡导的休闲习惯。《道德经》有:"天之道,其犹张弓与!高者抑之,下者举之;有余者损之,不足者补之。天之道,损有余而补不足。人之道则不然,损不足以奉有余。孰能有余以奉天下?唯有道者。是以圣人为而不恃,功成而不处,其不欲见贤。"《礼记·杂记下》有:"恤由之丧,哀公使孺悲之孔子学士丧礼,士丧礼于是乎书。子贡观于蜡。孔子曰:'赐也乐乎?'对曰:'一国之人皆若狂,赐未知其乐也!'子曰:'百日之蜡,一日之泽,非尔所知也。张而不弛,文武弗能也;弛而不张,文武弗为也。一张一弛,文武之道也。'"孔子以张弛论治国之道,生活、工作与休闲又何尝不是这个道理?

儒道对张弛主张的异常一致构成了中国人对生活工作与休闲的基本态度,也是中国文化的处世哲学:中庸之道。《论语·雍也》有:"中庸之为德也,其至矣乎!民鲜久矣。"这是最早见于文献的"中庸"。其中,"中"是核心。《说文解字》曰:"中,内也,从口。丨,上下通。"段玉裁注:"然则中者,别于外之辞也,别于偏之辞也,亦合宜之辞也。……云下上通者,谓中直或引而上,或引而下,皆入其内也。""中"原本指空间和方位,后来逐渐从宇宙观延伸到价值观,进而深入人们的日常生活、工作和娱乐。《礼记·中庸》有:"喜怒哀乐之未发,谓之中。发而皆中节,谓之和。"求"中"不是目的,"和"才是目标。到宋明理学阶段

第五章
张弛有度的休闲习惯

"致中和"已是士大夫和百姓共同追求的人生处世状态了。"庸"意有二。一为"用"。《说文解字》曰:"庸,用也。从用从庚。庚,更事也。"郑玄《目录》称:"名曰《中庸》者,以其记中和之为用也。庸,用也。"《庄子·齐物论》亦说:"庸也者,用也;用也者,通也;通也者,得也;适得而几矣。""中庸"在古文中是一个倒装句,意为"用中"。二为"常"。郑玄在解释"小人反中庸"时说,"庸,常也。用中为常,道也。反中庸者,所行非中庸,然亦自以为中庸也"。在解释"庸德之行,庸言之谨"时,郑玄又说:"庸,犹常也。言德常行也,言常谨也。"《荀子·不苟》云:"庸言必信之,庸行必慎之。"朱熹的解释更加明确:"中者,不偏不倚,无过不及之名。庸,平常也。"[6]简单地说,无论是思考还是行动,生活、工作还是休闲,均不宜"不及"和"过","不为已甚"[7],"执两用中"[8]。对于人们乐见的谦虚,也提醒人们不宜"过",徐学谟便说,"谦,美德也,过谦者,多怀诈。默,懿行也,过默者,或藏奸"[9]。

当把中庸思想和理念落实到人的习惯上时,在生活、工作与休闲中,便是在极左或极右或类似的两个极端之间的选择,中国人称之为"分寸"。拿捏分寸有人称之为一门艺术,在我看来,其实是思维习惯、社会习惯、生活习惯和工作习惯在休闲习惯上的综合呈现。《论语别裁》中有一个故事,说的是曾国藩让幕友王湘绮回家。曾国藩带领的湘军在与洪秀全作战时,已开始有败军迹象。此时,王湘绮要请假回家。曾国藩忙于事务,没有立即批这件公文。一天晚上,曾国藩有事去找王湘绮,王湘绮专心看书,半个时辰没发现来人。次日,曾国藩应允王湘绮回家。有人问他:"为什么突然决定让王湘绮回家?"曾国藩说:"昨天晚上我去找王湘绮,发现他看书半个时辰没有翻动过书,可见他没真正看书,而是在想回家的事,既然他去意已决,无法挽留了,不用勉强,还是让他回去好了。"在这个故事里,曾国藩被作为能把握分寸的"贤"流传于世。对于分寸把握,也有许许多多便于人们实践的俗语,如"日中则昃,月盈则食","过头饭

第五章
张弛有度的休闲习惯

王湘绮请假

长时间的紧张是一种极端状态,与中国人习惯的中庸背道而驰。当遇到极端情况时,人们很自然地想到中庸,也为自己的行动找到依据。

别吃,过头话别说","话不要说死,路不要走绝",等等。

从张弛有度,到中庸之道,再到把握分寸,承载中国文化的诗词歌赋、书法绘画、村寨城镇、民居宫殿、道观寺庙,无不演绎着个体和群体、精英和百姓对人己之间、人与自然之间关系的理解与实践。每个人都希望自己能够做到张弛有度,也希望如此安排休闲生活。可事实上,在我看来,人们对娱乐的理解也是多元的,任何不涉及工作和学习的活动,几乎都会被称为娱乐活动。在中国人的学习、生活、工作的时间和内容安排上,处处都体现着张弛有度。即使已经进入数字时代,也依然在强调"中庸",强调"致中和",不仅在他人与自己之间,也在自己与自己之间,倡导不宜"过载",强调在匆忙与休闲之中寻找合适的节奏。譬如,腾讯研究院针对人们过度依赖微信曾做过一项专题研究,项目的核心议题是"过载",关注的焦点正是人的信息过载。

三、经济地娱乐

对玩物丧志的警惕和对张弛有度的倡导，反映的都是中国人对生活、工作与娱乐关系的认知，也是中国人价值观的体现。在中国文化里，娱乐始终不是生活的目的，仅仅是生活的调节。在中国人的习惯中，生活是家庭人口和家庭关系的生产和再生产，工作则是用于满足生活的物质生产和再生产，而娱乐只是个人身心的松弛，没有任何生产意义，相反，它是消费行为。给定时间是生产与消费的函数，每个人每天只有二十四个小时，只事生产，就没有时间娱乐；把时间都花在了娱乐上，就没有时间生产；娱乐与生产之间便构成了一种此消彼长的关系。与购买物资类的消费不同，娱乐不仅要支出，还损失了生产和可能的收益，它意味着双重损失。在《潜夫论·浮侈》中，东汉的王符说，不当消费"既不助长农工女，无有益于世，而坐食嘉谷，消费白日，毁败成功，以完为破，以牢为行，以大为小，以易为难，皆宜禁者也"。

在积极践行礼治的社会，中国文化还把消费与名分紧密地关联在一起。从周开始，等级消费便已是不言而喻的消费准则，季氏八佾舞于庭，于是孔子说："是可忍也，孰不可忍也？"[10]在孔子看来，季氏是大夫，只能享受四佾。八佾是天子专用，故不可忍！北宫锜问孟子："周室班爵禄也，如之何？"孟子说："大国地方百里，君十卿禄，卿禄四大夫，大夫倍上士，上士倍中士，中士倍下士，下士与庶人在官者同禄，禄足以代其耕也……"[11]孟子把每一个等级的人员可以享受什么样的待遇设想得清清楚楚。超越等级的消费被视为逾礼，甚至可以被作为谋逆的证据。诸子百家在治国理政理念上各异，可在消费观念上却异常一致，都黜奢崇俭，道家甚至主张无欲。

如果说日常生活的消费为必要消费，娱乐则不在其列。子曰："贤哉，回也！一箪食，一瓢饮，在陋巷，人不堪其忧，回也不改其乐。贤哉，回也！"[12]在孔子那里，真正的乐不是身体之娱，而是精神之乐，与中国文化的内省非常契合。即使以器物娱乐精神，也是

第五章
张弛有度的休闲习惯

被禁止的。《礼记》告诉我们,掌管工商业的"公师"的职责除了管理手工业生产,还要禁止运用"奇技"制作"奇器",以防其"以荡上心"。把人心性的表现与外在环境的触发关联在一起,又与中国文化对人性的主张相一致,无论主张性无、性善还是性恶,中国文化始终认为人性的呈现与环境的触发紧密相连,对娱乐消费的警惕也就顺理成章。即使是娱乐,人们也会将其分为对身心有益的还是有害的。盛唐时期的娱乐,譬如在都城长安的娱乐也大多是健康的且花费有限的,除了月舞杂技等观赏性消费活动外,还有可以直接参与的自娱自乐活动,如踢球、拔河、博弈、击鞠、毽子、射箭、投壶、赛马、荡秋千、弈棋等。即使在宫廷之中,也大多是舞剑、踢球、弈棋等活动,如《封氏闻见记》卷六记载:"景云中,吐蕃遣使迎金城公主,中宗于梨园亭子赐观打球。吐蕃赞咄奏言:'臣部曲有善球者,请与汉敌。'上令仗内试之。决数都,吐蕃皆胜。"

当然,这并不意味着中国人的消费中没有"一掷千金"的豪横式消费。俭奢关系的辩论及其与国家经济发展之间的关系,加上皇权对宗教权力警惕带来宗教发展起伏形成的宗教消费局限,为娱乐提供了机会,色情和百戏消费便是很好的例子。在色情消费中,达官贵人豢养私妓,如北魏时期的高阳王雍拥有"僮仆六千,妓女五百……入则歌姬舞女,击筑吹笙,丝管迭奏,连宵尽日"[13]。历史上的名妓李娃妖姿要妙,绝代未有。与其所交者,"多贵戚豪族,所得甚广",荥阳公子明知"非累百万,不能动其志也",却依旧痴情以对,不到一年,耗尽了自己赴京赶考之资。[14]待到宋代,色情服务成了一个行业,《东京梦华录》记录的北宋东京城内的商妓中心就有8处。到了南宋,临安城内更达11处。[15]卷二《酒楼》记载:"浓妆妓女数百,聚于主廊槏面上,以待酒客呼唤,望之宛若神仙。"

如果说纵情声色是奢侈地娱乐,那么,百戏则的确是经济地娱乐了。在百戏中,吞刀、吐火、上竿、筋斗、踢拳、踏跷、奇术、异能、猴呈百戏、鱼跳刀门、使唤蜂蝶、追呼蝼蚁,代代传承。到宋代,民间娱乐已出现专门场所,东京城内大小瓦舍勾栏多达五十余座[16],

第五章
张弛有度的休闲习惯

百 戏

声色犬马，无非一乐。在中国人的休闲习惯里，纵情声色犬马，对个体、对社会无异于逃避责任或不负责任。

临安城里也有十七座[17]。"走过路过,不要错过"是中国百姓千百年来的娱乐消费形态。其实,如果历史地看,相对于依靠农业生活的人口而言,在城里生活已经是人们谨慎维持的状态了,娱乐则只是工作之余的"便车"而已,除非是在节庆时日。这也让我们理解,为什么民间的娱乐场所大多是集市的一部分,乡野如此,城镇亦然。至今人们还会说起的北京天桥、天津劝业场、上海城隍庙等近代大城市的娱乐场所便是证明。

在中国内省的文化中,无论是时间安排,还是金钱花费,维系家庭生计始终是主要的和重要的,分配到娱乐中的份额则是有限的、经济的。生计与娱乐的关系结构,其影响延伸到了中国人的消费习惯之中,以至于即使是如今盛行的旅游消费,人们依然以节省和经济为基本原则,原本是旅游内容重要部分的饮食,被中国人以"带饭"习惯取代;原本是旅游活动重要形式的乘车观光,被中国人以"步行"习惯取代……进而让旅游的娱乐属性大打折扣。勤勉地工作、择善地生活、经济地娱乐,构成了中国人对时间、精力和财富分配的习惯，休闲中的节省只是这个习惯在具体场景下的呈现而已。

四、闲暇意义的重构

当时代的车轮驶入 21 世纪，娱乐早已成为影响许多国家的经济指标，是影响许多人生计的经济领域，服务于休闲的经济活动甚至成为一些国家和地区的支柱性产业。事实上，我们已经置身于一个娱乐的时代，不仅是娱乐，还有消费。无论是传统媒体还是新媒体，哪儿都有歌声舞影、美女俊男、笑话和"恶搞"，甚至媒体上还不断出现一些新词：泛娱乐化时代、娱乐消费时代等。

娱乐的普遍存在，不只是中国现象，而且是人类现象。波兹曼曾预言，一切公众话语不再严肃，娱乐将成为一种新的文化精神，人类终将成为娱乐至死的物种。[18] 的确，娱乐现象的广泛渗透引发了社会争议：一些人持宽容心态,以为泛娱乐化意味着大众参与,意味着对精英文化霸权的冲击,也意味着对主流话语的解构,还意味着对压力、紧张和焦虑的宣泄。另一些人则认为,娱乐仍需有度,需要警惕娱乐走向媚俗和庸俗,警惕过度娱乐对道德底线、心理底线甚至法律底线的冲击。娱乐泛化的确让许多人发出灵魂拷问:中国文化对娱乐的克制,对休闲的警惕,还会传承下去吗?

如果把娱乐泛化放在中国文化历史发展的框架中,我们便会发现,如今的娱乐与人们的闲暇时间密切关联,且早在历史上就留下了线索。历史文献显示,对娱乐而言,只有钱还不够,还必须有闲。达官贵人、富商巨贾并不缺钱,在文献中却很少有他们现身烟花柳巷、参与斗鸡赛马的记载;出现在各种故事中的大都是那些家境富裕、无所事事的公子哥。闲暇是娱乐的必要条件。

如果我们还能回顾自己父辈乃至祖辈的生活,特别是村寨等农牧业社会的生活,就会发现,现代生活与传统生活最大的差别在于把人们的时间一分为二:

第五章
张弛有度的休闲习惯

一部分为工作时间,一部分为休息时间。在传统的村寨生活中,有一句俗语充分归纳了人们的时间安排:日出而作,日落而息。其中,我们看不到休闲的机会。即使有农闲,那也只是相对于农忙而言的。偶遇不适宜劳作的天气,人们才拥有真正休息的时间,而不是闲暇的时间。可现代社会对休息的定义,让闲暇出现在每一个人的时间安排之中,成为我们不得不面对的新事物。

2008年,国家统计局在中国10个省市进行了一次大规模的时间利用调查,共计调查1.67万家庭户,约3.7万人。2012年,国家统计局、中国邮政集团公司、北京大学国家发展研究院、北京第二外国语学院中国闲暇经济研究中心以及中央电视台进行了类似调查。调查结果显示:人,还是喜欢玩。闲暇时间充裕有助于提升幸福感,过于忙碌会降低幸福感。在表示自己很不幸福的受访者中,有19.31%的人没有休闲时间;在自我感觉比较幸福的人中,这一比例只有4.52%。与发达国家相比较,中国人整体上休闲时间较少。70%的受访者每天的休闲时间在 3 小时以内。调查进一步显示，闲暇时间的分布与中国经济发展水平成反比，越是经济相对发达的城市，人们越忙碌，闲暇时间越少。[19]

城市与乡村、东部与西部，经济发展水平与闲暇时间之间呈现的反比关系似乎在进一步证明中国文化历史熏陶的现代意义：玩物丧志，张弛有度。中国舆论对娱乐至死的警惕，也昭示着中国文化对勤劳与玩乐的分寸感依然存在于一些人的血液里。

不过，我们还是需要把闲暇放在历史与现实的场景中来理解其真正的含义。在工作与生活不分的村寨生活、传统生活中，闲暇是无所事事的时间，纨绔子弟吃喝玩乐、文人墨客赋诗填词、百姓聚会，是真正地在"打发时间"。在工作和生活严格区分的城市生活、现代生活中，闲暇时间既可以是游山玩水的时间，也可以是面对多样态社会需求去创新的时间。在美国，为了让运用闲暇时间进行创新创造成为一种文化，在中学阶段便开设了"时间智慧"课程，积极引导青少年在短期内拓展对闲暇的认知，促进青少年积极运用闲暇时间，这不仅可以避免无聊感，也利于发挥主观能动性进行创新和创造。[20]《礼记·学记》曰："故君子之于学也，藏焉，修焉，息焉，游焉。"士大夫是那个时代中国社会的精英，他们的生活是普通人可望而不可即的。在普通人为生计忙碌时，他们则有休闲的时间。如今，当闲暇成为每一个人必须应对的时间安排时，中国文化里安排闲暇的"藏修息游"较之琳达·考德威尔（Linda L. Caldwell）的时间智慧似乎更加智慧。在这个智慧里，没有时间运转带来的压力感，也没有工作与闲暇时间分割带来的焦虑感，有的只是急缓松紧的节奏感，像是生命自然的分寸。

尽管娱乐已经是高度商业化社会的重要组成部分，人们也已经被动地卷入其中而不得不参与娱乐；但是，时间的安排，对闲暇意义的赋予乃至重构，其实，依然还在人己之间，还在修己之中。曾经，它只是士大夫的考量，如今则已成为大众的生活。只不过，在一个高度互联的社会，在一个数字化的社会，在一个人与机器共存的社会，在人己不再限于熟人的社会，人

藏修息游

在中国人的习惯里,任何活动都有可以习得的内容,闲暇不过是为了更有利于内省而已。

们对闲暇意义的赋予有了更加丰富的选择，有了更多的工具。人们到底要怎样娱乐？要怎样闲暇？看起来是社会的安排、制度的安排；其实，最终还要落实到每一个实实在在的人的习惯上。人，需要娱乐，更需要把自己放在人己之间把握分寸！

注释

1 参见保罗·福塞尔：《格调：社会等级与生活品味》，梁丽真、乐涛、石涛译，中国社会科学出版社1998年版；皮埃尔·布尔迪厄：《区分：判断力的社会批判》，刘晖译，商务印书馆2015年版。

2 《史记·苏秦列传》。

3 《尚书·旅獒》。

4 《论语·阳货》。

5 张履祥：《杨园先生全集》卷五。

6 《四书章句集注·中庸章句》。

7 《孟子·离娄下》。

8 《礼记·中庸》。子曰："舜其大知也与！舜好问而好察迩言。隐恶而扬善。执其两端，用其中于民。其斯以为舜乎！"

9 《归有园麈谈》。

10 《论语·八佾》。

11 《孟子·万章下》。

12 《论语·雍也》。

13 杨衒之:《洛阳伽蓝记校注》,范祥雍校注,上海古籍出版社1978年版,第177页。

14 参见李昉等编:《太平广记(卷第四百八十四):李娃传》。

15 李春棠:《坊墙倒塌以后——宋代城市生活长卷》,湖南出版社1993年版,第251—252页。

16 孟元老:《东京梦华录注》,邓之诚注,中华书局1982年版,第133页。

17 吴自牧:《梦粱录(三)》,商务印书馆1939年版,第178—179页。

18 参见尼尔·波兹曼:《娱乐至死》,章艳译,中信出版社2015年版。

19 魏翔:《哪个城市最幸福 中国城市幸福大排名》,《中国经济周刊》2012年第11期,第34—38页。

20 Linda L. Caldwell, "Leisure and Health: Why Is Leisure Therapeutic?" *British Journal of Guidance & Counselling*, 2005, 33(1):7–26.

第六章 人之初本无性

第六章
人之初本无性

从思考到休闲，中国人的习惯像是一种与生俱来的本能。可是，从社会学的角度来看，它更是一个社会文化孕育的产出，甚至与人性联系在一起。在中国，说到人性，人们可以不假思索地请出《三字经》："人之初，性本善。"这大概是中国文化对人性最普遍的认知，即使不是实实在在的普遍认知，至少也是人们耳熟能详的倡导。可人们很少了解的是，"性本善"是中国人历代传承的模糊共识，而且来之不易。其实，在中国文化里，对人性不是只有"性善"一种认知。除了"性善"，还有"性恶""无性"等多种认知。真正细究起来，至少在早期中国的精英群体里，连模糊的共识都不存在。极端地说，对何为"人性"都没有共识。纳闷，广泛流传的"性本善"又出自何处？出于讨论简洁的目的，我不打算细究在人类意义上有没有人性，也不打算参与人性内涵与外延的争辩,就把这些问题留给哲学家。作为讨论起点,我承认人性,且只关注中国文化对人性的认知。

一、人性或并非天定

"人之初,性本善"是中国儿童启蒙教育的第一课。千百年来,无论以怎样的形式,我们都在传递这样的认知,这也是覆盖人群最广的社会努力。在中国文化积淀中,《三字经》归集了社会的普遍认知,是经过千百年的理论与实践摸索之后在社会层面进行的归集,也体现了中国人对社会每一个新成员人性的期待。

在中国文化里,孟子是性善论的代表。孟子说:"仁义礼智,非由外铄我也,我固有之也。"又说:"恻隐之心,人皆有之;羞恶之心,人皆有之;恭敬之心,人皆有之;是非之心,人皆有之。"[1]孟子认为,在他那个年代通行于世的仁义礼智是人性内含的,原本有

第六章
人之初本无性

童蒙诵读《三字经》

精英观点是中国人习惯的理论基础，启蒙教育读本形式的大众化则是跨越地域的习惯建构的社会标准。

就有，不是由外强加的。对此，孟子用了一组画面感极强的证据解释说："乍见孺子将入于井，皆有怵惕恻隐之心，非所以内交于孺子之父母也，非所以要誉于乡党朋友也，非恶其声而然也。"[2]而"屦之相似，天下之足同也"，"口之于味也，有同耆焉；耳之于声也，有同听焉；目之于色也，有同美焉；至于心，独无所同然乎，心之所同，然者何也？谓理也，义也"。[3]

在孟子的解释中，我们可以体会他对人性的两种认知。第一，人性乃天性、自然之性，与生俱来。性善，乃人生物特性的一部分。怵惕恻隐，不是因为与孩子父母有交情、为向乡党和朋友显摆，也不是担心背上不好的名声，而是生物本能的恐惧之心所促使。不落井下石，便是人之天性，乃对他人的同情心。孟子认为，人，先天就有"不学而能""不虑而知"的"良"，就像耳朵天生可以听见声音，口舌天生可以感知酸甜一样。由此，生发了人性之善的诸多表现，如"恻隐之心，仁之端也；羞恶之心，义之端也；辞让之心，礼之端也；是非之心，智之端也。人之有是四端也，犹其有四体也"⁴。人之诸善，与身体同源，即天性。

第二，人性乃社会性，性善，亦乃人社会性的一部分。孟子把恻隐、羞恶、辞让、是非等诸"心"归因于理和义，便是在社会性中寻求人性之善的来源。孟子指出，"人之所以异于禽兽者几希，庶民去之，君子存之"⁵，"无恻隐之心，非人也；无羞恶之心，非人也；无辞让之心，非人也；无是非之心，非人也"⁶。"四心"之中，除了恻隐之心，其余皆为社会之心，是人性的社会性。

既然人性的一部分来自天性，一部分来自社会，那么，在人们表现的人性中，两者又有怎样的关系呢？在承认人性本善的前提下，孟子认为，"若夫为不善，非才之罪也"⁷。意思是说，有人为不善，并非其先天无"善端"，实乃社会有恶因。孟子说："岂无仁义之心哉？其所以放其良心者，亦犹斧斤之于木也，旦旦而伐之，可以为美乎？"⁸在孟子那里，人性俱生乃善，没有疑问。人，怎么可能没有善的天性呢？在社会中，人们的行为之所以有善或恶，不是因为人天性不善，而在于社会的义理是否昭彰，是否让人性显现为善,"求则得之,舍则失之,是求有益于得也,求在我者也"⁹。"求",指追求。一个人如果追求善,一个社会如果崇尚义理,人性自然会彰显其善;如果一个人不追求善,一个社会不崇尚义理,社会性便会滑向恶的一边,自然有人为恶。

从认知理论出发,孟子对人性善的坚持或许与他童年的经历有关。"孟母三迁"是这一经历的典型刻画。孟子幼年时期的三次搬家,讲的正是孟母追求善的历程,也彰显了孟子认识人性的人生经历,说明的正是人性、习得、行动之间的关系。在孟子的认知里,人性本善,在其成年之前有一个形成过程,社会则是让人性善或恶彰显的环境。有意思的是,正是"习得"和"彰显"存在变数,让中国文化里对人性本善的认知产生了争议。

二、善恶混无有歧分

与人性本善相对应的是人性本恶的认知。荀子是中

第六章
人之初本无性

国文化里主张人性本恶的代表。荀子[10]说:"人之性恶,其善者伪也。"意思是说,人性原本是恶的,那些表现出来的善,不过是习得的,不过是把恶掩盖住了。

为了证明性恶,在批判孟子人性本善的同时,荀子特别对人性进行了讨论。什么是人性呢?荀子说:"不可学、不可事而在人者,谓之性;可学而能、可事而成之在人者,谓之伪。"在荀子看来,人性具有生物性,学不来也做不来,能学能做的,就不是人性,是习得。他认为,孟子的性善论,实则是把"性"和"伪"混为一谈。"凡性者,天之就也,不可学,不可事。礼义者,圣人之所生也,人之所学而能,所事而成者也。"在荀子那里,性和伪的关系是,"性者,本始材朴也;伪者,文理隆盛也。无性则伪之无所加,无伪则性不能自美。性伪合,然后成圣人之名,一天下之功于是就也"[11]。通俗地说,性乃天成,伪乃习得。因为存在人性,习得才有载体;因为人有习得,才有掩盖了恶而表现的善。天生为礼义,才是圣人。

荀子进一步认为,性善论只是一种想象。事实是,

"若夫目好色,耳好声,口好味,心好利,骨体肤理好愉佚,是皆生于人之情性者也"。就像是人的眼睛天生喜好色彩,耳朵天生喜好声音,嘴巴天生喜好食物,心里天生喜好财利,骨骼肌肉天生喜好安逸,因此,人生而好利,"今人之性,饥而欲饱,寒而欲暖,劳而欲休,此人之情性也"。在荀子的逻辑中,人的每个感官都有利于自己的欲求,人类天生之诸般欲求,铸就了性恶之源。

既然人性本恶,可为什么社会上还有义理呢?荀子认为,"凡礼义者,是生于圣人之伪,非故生于人之性也"。荀子的观点是,义理源自圣人后天的努力,而不是与生俱来的人性。为了证明这一点,他列举了一系列例子,"故陶人埏埴而为器,然则器生于工人之伪,非故生于人之性也。故工人斫木而成器,然则器生于工人之伪,非故生于人之性也。圣人积思虑、习伪故、以生礼义而起法度,然则礼义法度者,是生于圣人之伪,非故生于人之性也"。荀子以器物进行类比指出,原材料类似于人的人性,用原材料做成的器物,类似

第六章
人之初本无性

于人的表现。不能说器物好，原材料就一定好。借此，荀子以为，圣人之所以为圣人，是因为圣人善于思考和积累，善于自律和不断习得。社会的正义和善，不是来自人性，而是来自圣人的创造和归纳，而非圣人与生俱来的；是圣人的积善为大多数人树立了榜样，造就了社会之善。因此，人的善，是习得之善，而非源自天性。

既然孟子和荀子都认为人之善来自"习得"，两者又有什么区别呢？区别在于，孟子认为人的善来自天性，学习只是启发了善的天性，释放了人性中善的天性，是"善 + 善"；荀子则认为人的善不是来自天性，人性本恶，学习是压制了人性中恶的部分，用习得的善压制了天性中原本的恶，"伪善"可以被理解为因为后天习得而使得"恶 < 善"。

在中国文化的形成中，荀子的性恶论也没有让人们完全信服。在人性本善和人性本恶之外，还有其他认知。告子[12]主张人性本无善恶。他说："性，犹湍水也，决诸东方则东流，决诸西方则西流。人性之无分于善不善也,犹水之无分于东西也。"在告子那里,人,原本无性,就像水,如果一定要说有性,那便是随性。

问题是,人们总会见到每个人行为呈现的善或恶。无性之人,如何又有善恶之举呢?告子的基本解释是,社会环境是决定性因素。"性可以为善,可以为不善,是故,文武兴,则民好善;幽厉兴,则民好暴。""有性善,有性不善,是故以尧为君而有象,以瞽瞍为父而有舜,以纣为兄之子且以为君,而有微子启、王子比干。"在告子看来,人的善或恶,纯粹是社会环境引导的后果。社会环境善,则人的行为善;社会环境不善,则人的行为一定不善。"性犹杞柳也,义犹杯棬也,以人性为仁义,犹以杞柳为杯棬。"在告子看来,人性就像柳条,仁义就像盛器,人性因仁义而让柳条成为盛器。

回过头来再看孟子和荀子,我以为,性善论大约是孟子在论证逻辑上的有意疏漏,是倡导社会为善的大智若愚。判断的依据来自孔子[13]的观点。孔子很"诡诈",他始终避而不谈人性善恶,而是顾左右而言他地

第六章
人之初本无性

说"性相近也,习相远也","少成若天性,习惯如自然"[14]。在孔子那里,人性都差不多,没有什么大差别。人们之所以不同,是因为习惯不同。那,习惯来自何处呢?孔子认为,来自同伴。同伴虽多,却也可以分类,其中,有三类同伴有益,有三类同伴有损。孔子说:"益者三友,损者三友。友直,友谅,友多闻,益矣。友便辟,友善柔,友便佞,损矣。"在向同伴学习中,还需要自省,"无友不如己者"[15]。自我教育、择人相处是"习"的重要一环。"里仁为美,择不处仁,焉得知?"[16] "与善人居,如入芝兰之室,久而不闻其香,即与之化矣;与不善人居,如入鲍鱼之肆,久而不闻其臭,亦与之化矣。丹之所藏者赤,漆之所藏者黑。是以君子必慎其所与处者焉。"[17] 孔子以为,人很容易融于环境。一个人在香蕴的环境里待久了,自己变香了而不自知;在熏臭的环境里待久了,自己变臭了也不自知。是故,与善相处,不善也善;与恶相交,不恶也恶。因此,环境才是善恶之源。

从学术传承来看,孔子在孟子之前,孟子不可能没有注意到孔子不痛不痒、圆滑不羁的论说。他为什么没有针对孔子的观点进行讨论呢?我推测是,孔子的观点不过是用在哪里都正确的"真理"万金油而已,对建设一个向善的社会并无直接意义。也许在孟子看来,批判孔子无助于建设向善的社会,还不如将其放在一边,另立新说。孟子少年时期三次搬家的经历使他明白,不正本清源,难以促使社会向善。要促使社会向善,最简洁的策略便是让人们相信自己天生是好人,这才有了"仁义礼智,……我固有之也"的宣称。荀子对孟子的批判,大概是把性善论当作了孟子认真思索的真实观点,而没有注意到孟子有意卖了个论证逻辑的破绽,醉翁之意不在讨论人性善或恶,而在倡导社会向善。

与荀子同样认真的,前有世硕,后有扬雄,他们认为人性本无一。世硕,周代陈国人,据说曾著《养书》,可惜没有留存于世,如今也难以查证。人们对世硕的理解大都来自东汉王充的《论衡·本性》:"周人世硕,以为人性有善有恶,举人之善性,养而致之则善长;

性恶，养而致之则恶长。如此，则性各有阴阳，善恶在所养焉。故世子作《养书》一篇。宓子贱、漆雕开、公孙尼子之徒，亦论情性，与世子相出入，皆言性有善有恶。"从王充的记述可知，与告子不同，在世硕那里，人之初生不是没有天性，而是善恶皆有，在人的成长中，如果培养和发展善的一面，善的一面就得以彰显；反之，培养和滋长恶的一面，则会成为性恶之人。人的天性里只有善恶之端，社会环境才是决定人性善恶的因素。

西汉的扬雄也主张人性有善有恶，与世硕之说几乎一脉相承。他认为"人之性也善恶混，修其善则为善人，修其恶则为恶人"[18]。扬雄的主张是，人的善恶，关键在于社会的约束、个体的修养。道德修养对于人性向善至关重要，故而"学者所以修性也"[19]，学习就是心性养成的过程。

世硕和扬雄对待环境的观点虽有不同，却也有相同，那就是强调了在人性塑造中社会环境的主导性。在扬雄之前的韩非子则强调人的主体性和能动性在善恶昭彰中的意义。他主张，人的本性是自为的、趋利避害的。韩非子指出："夫安利者就之，危害者去之，此人之情也"[20]，"好利恶害，夫人之所有也"[21]，"人情皆喜贵而恶贱"[22]。其实，韩非子没有就人性论人性，而是从人的行动来倒推人性，且没有使用人性，而是用了"人情"。我以为，人性与人情最大的区别在于，人性更强调善恶的本源性和根本性，人情则强调在面对环境时人对环境的反应与判断，强调人的主观性和能动性。他指出，人们趋利避害实则是一种本能的"自为心"，"夫卖庸而播耕者，主人费家而美食，调布而求易钱者。非爱庸客也，曰：如是，耕者且深，耨者熟耘也。庸客致力而疾耕耘者，尽巧而正畦陌畦畤者，非爱主人也，曰：如是，羹且美，钱布且易云也。此其养功力，有父子之泽矣，而心调于用者，皆挟自为心也"[23]。韩非子用一系列的场景证据证明，人们在不同场景下的行动，都是为了自己的诉求。在韩非子那里，凡人己之间，都有首先保护自我利益的"自为心"，"主卖官爵，臣卖智力"[24]，"人为婴儿也，父母养之简，子长而怨。子盛壮成人，其供养薄，父母怒而诮之。子父至亲也，而或谯或怨者，皆挟相为而不周于为己也"[25]，韩非子用君臣关系和父子关系等人伦主导的关系作为证据，试图证明人之自为的普遍性，他将其归纳为"人莫不然"。

东汉王充第一次系统地归纳了中国文化对人性的讨论。在《论衡·本性》中，王充逐个梳理了前人对人性的论述，他不同意孟子、告子、陆贾、董仲舒、刘向等人性善、性恶、性中、性混等观点及他们在观点之间的摇摆，他对过往的讨论非常不满，认为，"自孟子以下，至刘子政，鸿儒博生，闻见多矣，然而论情性竟无定是。唯世硕、公孙尼子之徒，颇得其正"。他认同世硕和公孙尼子的观点，基本观点与世硕的也无不同，只是把人分为三等，认为上中下等人对应着人性善、混、恶。问题是，人生而有等，还是后天习得归等，王充并没有明说，如果是前者，显然已经陷入了群体层次的命定论，不在孟子、荀子等人的讨论框架内了。如果是后者，则可以认为是孔子人性论的一

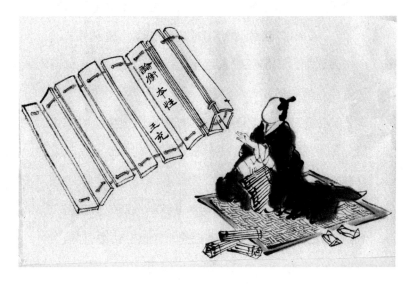

王充论本性

包容每一种观点,又与先贤的主流观点一致,最大限度地构造了中国人的习惯之源——内省。

个翻版。

归纳起来看,在中国文化里,对人性的讨论从世硕开始,历经孔子、孟子、告子、荀子、韩非子、扬雄等诸家,到西汉已经基本结束。王充的讨论已在人性之外,待到宋代,张载、二程(程颢、程颐)与朱熹则不再讨论人性,而专注于"气质之性",即后天习得的影响。总结到西汉为止的争论,对人性的探讨大致是围绕着这样几个问题进行的:第一,人生之初,到底有没有天性?第二,如果有,是善,还是恶?第三,人的行为皆有善恶,善恶来自哪里?第四,人的行为善恶与天性有没有关系?如果有关系,又是怎样的关系?

三、搁置争论铸共识

无论诸子百家如何争论,世硕的善恶皆有、孔子不谈人性、孟子的人性本善、荀子的人性本恶、告子的人性本无、韩非子的行为善恶,各种观点的背后其实都掩藏着一个基本的共同认识,那就是,后天的社会环境、个人的主观努力等,对人性善恶的呈现发挥着重要影响。通俗地说,在先贤们看来,对本性的认知是一回事,人的本性在社会中如何表现是另一回事。

孔子虽然不直接讨论人性,在《论语》中还是有一些涉及人性的间接观点。除了说"性相近也,习相远也"之外,孔子还说"唯上知与下愚不移"[26]。在孔子想象的理想社会体系中,人是分等的,不同等级的人的"习得"也是有分别的。他说:"中人以上,可以语上也;中人以下,不可以语上也。"[27] 那么,谁是上?谁是中?孔子指出:"生而知之者,上也;学而知之者,次也;困而学之,又其次也。困而不学,民斯为下矣。"[28] 在孔子那里,民为下,困而不学,那他自己呢?"我非生而知之者,好古,敏以求之者也。"[29] 他非常谦虚,以为自己属中。

在这些观点中,我们可以体会到一条清晰的线索,那就是,人性善恶很难争论清楚,不如关注人在社会中的表现,本性在社会中的表现才是重要的,才是需

第六章
人之初本无性

要关注的,才是影响社会善恶的关键因素。这也符合社会学的基本立场,即社会中最重要的不是人们的本性如何,而是人们行动的社会影响。正是这一共识,让先贤们关注影响人的后天习得,指出人在成长和生活中的学习更加重要。在后天的学习中,生而知之非常重要,可是,天下并没有生而知之的人。孔子都说自己"非生而知之"了,还有谁可以自称"生而知之"?既然人的认知与行为大都是后天习得的,那么,怎么学、学什么就非常重要了。《论语》开篇便是"学而时习之,不亦说乎?",这足以证明孔子对后天的学习有多重视。

说到学习,自然要论聪明与愚钝,孔子把人的学习能力区分为三等,除了上智与下愚,还有一个中间等级。孔子认为,对这一类人,学习更是重中之重。这部分人是社会精英,对整个社会的影响极为重大。人们以为,孔子对学习能力的三等之分包含了对人性的认知:上智者生性仁厚,为善;中人者生性不明,有善有恶;下愚者生性无善,为恶。证据是,《论语》中有"为仁由己""我欲仁，斯仁至矣""求仁得仁"之类的论述。[30] 我倒认为，这些论述恰恰说明孔子不愿意讨论人的天性，而偏爱讨论后天学习的影响。"仁"是学习的结果。"为""欲""求"均与"学而知之"一脉相承，区分上中下，不是在区分善恶，而是在区分学习能力。孔子对"困而不学"的阐述就是证据。也因为学习能力有差别，对社会而言，哪些人学习为善才有意义便成了重要问题。

如果说孔子主张通过对精英的培养来引领社会向善，突出主动学习向善的重要性，那么，孟子则是倡导君王主政为善来主导社会向善，主张君王要建设一个善的社会环境，促使人们学习为善。孟子信誓旦旦地说人性本善，且是一切社会之善的善端。如果行为不善，便只能说明天性被埋没了。为什么会被埋没呢？在孟子看来，是社会不善。孟子认为，山林是养出来的，美德也是养出来的，"故苟得其养，无物不长；苟失其养，无物不消"[31]。言下之意是说，每个人原本天性为善，如果不善，显然是君王没有塑造一个

第六章
人之初本无性

"雨露之所润"的社会环境。因此,只有君王建设社会之善,才可以塑造每个人的善,即为善之德。

若君王主善,人也要学习向善。孟子说:"求则得之,舍则失之,是求有益于得也,求在我者也。求之有道,得之有命,是求无益于得也,求在外者也。"[32] 孟子说的"求"既可以被理解为学习冲动,也可以被理解为学习活动。无论是否命中注定,"求"是人的主观努力,"持其志,无暴其气"[33],先立志且坚持,是社会之善的一部分。人不仅要努力地"求",还要有求的方法,"君子深造之以道,欲其自得之也"[34]。不仅要有学习的方法,还要终身学习,"尽心、知性、知天"。在终身学习中,需要排除各种干扰,"非天之降才尔殊也,其所以陷溺其心者然也"[35],以达成"理义之悦我心,犹刍豢之悦我口"[36]的境界。如此,社会才能为之大善。

荀子也主张社会向善,且更主张学习以自律。《荀子·劝学》[37]开篇也阐述学习,借他人之口,荀子说"学不可以已",不仅要学,而且要不停地学。或许正因为荀子以为人性本恶，才更加重视后天学习。他甚至认为，如果不学习，便无法抑制人性之恶。比起孔子和孟子，荀子更加强调学习对社会之善的重要性。

在荀子看来，人性之恶，需要经受社会之律，才能惩恶扬善。荀子说："故木受绳则直，金就砺则利，君子博学而日参省乎己，则知明而行无过矣。"还是用类比的方法，荀子试图证明学习就像是用墨线直木，用砺石磨刀。"明"指的是社会之善，"过"则是个人行为之失。那么，社会的善，到底为何？荀子说："故不登高山，不知天之高也；不临深溪，不知地之厚也；不闻先王之遗言，不知学问之大也。"在荀子那里，"先王之遗言"便是善的标准。"先王"不仅指君王，也指明善之道的圣人君子。

仅闻先王之言还不够，仅思考善恶也不够，听闻和思考都不足以有效遏制人性之恶。荀子认为，人还需要学，即贯彻到行动中，"吾尝终日而思矣，不如须臾之所学也。吾尝跂而望矣，不如登高之博见也"。不仅要学，要有高远博见，还要与"中正"之人为邻，"故

第六章
人之初本无性

行胜于言

强调"做"是中国人习惯形成的特征,勤与做互为表里,也因此形成了对清谈、贪玩的厌恶。

君子居必择乡，游必就士，所以防邪僻而近中正也"。不仅要找行为善的同伴，还要自己立志，"是故无冥冥之志者，无昭昭之明；无惛惛之事者，无赫赫之功"。不立志，不会有成就；不做事，不会有成功。

不过，在荀子的逻辑里，"闻""学""见""邻""志"，都是外在的。外在之为，可暂时抑制人性之恶，却不能长久地让行为之善出于自然。如何真正抑制人性之恶呢？荀子认为，让社会之善入心入脑、入言入行。荀子说："君子之学也：入乎耳，箸乎心，布乎四体，形乎动静。端而言，蝡而动，一可以为法则。"只有入脑入心才会在行动中变成一种自觉，且要对标最高标准，"君子知夫不全不粹之不足以为美也，故诵数以贯之；思索以通之；为其人以处之；除其害者以持养之"。荀子认为，如果是君子，就要让自己的言行表里，通过学习和实践足以表达出善，才算是真正地"除去"了人性之恶，持养了社会之善。

在中国文化里，对人性的探索，到荀子为止，基本告一段落。世硕、孔子、孟子、荀子等对人性的探

第六章
人之初本无性

讨奠定了中国文化对人性认知的基础。无论人性本善、本恶、本混、本无性，当面向社会之时，不同观点都指向一个共识，那就是：无论本性如何，后天学习非常重要，把习得的规则贯彻到行动中，行为之善更加重要。君王向善、百姓向善和社会向善都需要通过学习、通过社会实践来达成。纵观典籍，我以为，荀子以降，韩非子、扬雄、王充，以至宋之诸家，他们承认荀子及之前诸家对人性善恶的结论而各有选择，重要的是不再纠结于清谈人性善恶，探索的重点也不再是人性善恶，而是转向了如何教化社会，建设社会之善。

中国文化对人性的认知，影响一直延续着。直到如今，我们每个人对人性善恶依然有自己的观点。在不同年龄、不同场景下，我们的观点也是变化的。这些观点，除了对眼前事实的认识，更根本的是来自各人成长中的习得，且因为习得，每个人形成了自己的思维习惯、行为习惯。每个人学习的环境则是各自的家庭和居处的村庄、社区和社会。通常人们说河南人如何、湖北人如何、江苏人如何、广东人如何、东北人如何等，根本上针对的是因家庭和居处社会环境浆养的思维和行为习惯。"教之者，使识旧事也"[38]，"教，文之施也"[39]，"化，教行也"[40]。在本质上，一如先贤们认识到的，习惯都来自"教"与"习"，用社会学的话说，都来自一个人的社会化进程。

这种由家庭和居处社会浆养的习惯，在行为表现上是嵌套的。如在河南人内部，又会对不同地区的人的各种习惯有不同认知。在每个地区内部，还有不同层级的对习惯的认知。这种嵌套，在改革开放前，甚至可以一直溯源到村、镇、家庭。每个家庭不同、村镇不同、县区不同，省市更加不同。这些不同，都是每个人在成长中接受的家庭环境、村镇环境的影响所塑造的，即社会学的社会化。在中国文化里，先贤们的共识是，人的天性也许不同，习惯却是可追溯的，它来自人在成长中的主动学习，来自人在环境中的耳濡目染。因此，社会向善的环境便真的很重要了。无论有怎样的不同，每个不同的居处社会都有一个共同认知，那就是人的行为应该向善。

四、向善习惯立人伦

诸子对人性的认知虽各有差异,可对行为习惯的期待却有高度共识。按照孔子的说法,我们期待一个"君君,臣臣,父父,子子"的秩序社会,每个人都有自己的行为准则和行为习惯。如果每个人都按社会约定的行为准则形成自己的行为习惯,则整个社会既和谐,又有序。直到今天,秩序社会似乎依然是中国文化对社会图景的期待。

从世硕到晚清诸家,先贤们大都认为,社会之善来自社会的教化。作为社会教化的后果,中国的平民百姓也大都有相同或相似的认知。他们对教化的强调始终围绕着一个共同目标,那就是,让社会之善和社会秩序本身成为教化的力量。在中国文化里,社会之善首先是社会秩序。一如韩非子主张的,秩序在根本上是社会之善的内在要求。良好的社会秩序让人的善端获得激励,让人性之恶得到抑制,让原本摇摆的人性寻得努力向善的方向,让本无的人性获得善的习惯,这便是社会秩序之于人性的教化，也是中国文化期待的社会之善，甚至可以将其理解为中国之治的文化基因。

在这些期待里，孟子对君子和圣人的期待最高。孟子说，"君子存之"[41]，则庶民"引领而望"[42]，乃至"沛然德教溢乎四海"[43]。在孟子那里，只要君子在，平民百姓就有学习的榜样；君子为善，对平民百姓是最有效的教育，"溢乎四海"足以让人们想象一幅善满人间的画卷。这便是孟子对社会之善的期待。荀子对人的内省期待最高。荀子指出："人之所以为人者，何已也？曰：以其有辨也。……故人之所以为人者，非特以其二足而无毛也，以其有辨也。"[44]荀子认为，人异乎兽的本质在于人有辨别能力。那么，辨什么呢？荀子认为"辨莫大于分，分莫大于礼，礼莫大于圣王"[45]。在荀子的逻辑中，自然而然地把教化纳入了社会之善的期待之中，辨的正是社会秩序需要的规则，且是圣人拟定的、社会认同的规则。孟子和荀子在人性的认知上虽然有着对立观点，且在获得善行习惯的路径上也有差别，可在建立良善社会秩序的期待上却高度一致。

韩非子以降，已不再讨论教化的社会秩序，而是把它作为实现社会之善的默认前提，讨论如何运用外在力量实现社会的秩序。韩非子以为，依势明发，方能明确君臣关系，"君执柄以处势，故令行禁止。柄者，杀生之制也；势者，胜众之资也"[46]。通俗地说，君王的权力来自社会的支持，即"势"，既然获得授权，便宜好好用权。故，韩非子认为："夫国之所以强者，政也；主之所以尊者，权也。……故明君操权而上重，一政而国治。"[47]在韩非子看来，如果掌握权力的是圣明之君，则国家的治理必然井然。韩非子进一步认为："故当今之时，能去私曲就公法者，民安而国治；能去私行行公法者，则兵强而敌弱。……故明主使法择人，不自举也；使法量功，不自度也。能者不可弊，败者不可饰，誉者不能进，非者弗能退，则君臣之间明辩而易治，故主仇法则可也。"[48]读起来，韩非子的言辞之间杀气腾腾、霸气测泄，可他期待的依旧是一个纯良的社会秩序。在他看来，社会之善无非是"古者世治之民,奉公法,废私术,专意一行,具以待任"[49]。

如果说韩非子建构社会秩序的策略是通过外在法度,那么,在历经千年之后,宋明理学则再次回到了儒家思想,倡导通过教化和内省来建构社会之善。二程主张:"人者,位乎天地之间,立乎万物之上;天地与吾同体,万物与吾同气,尊卑分类,不设而彰。圣人循此,制为冠、昏、丧、祭、朝、聘、射、飨之礼,以行君臣、父子、兄弟、夫妇、朋友之义。其形而下者,具于饮食器服之用;其形而上者,极于无声无臭之微;众人勉之,贤人行之,圣人由之。故所以行其身与其家与其国与其天下,礼治则治,礼乱则乱,礼存则存,礼亡则亡。上自古始,下逮五季,质文不同,罔不由是。"[50]在二程那里,儒家的"正名"最重要,只有正名,社会成员方知道自己的社会位置,明确了社会位置,才可以基于自己的社会位置展开社会行动,只有每个社会成员基于自己的社会位置展开社会行动,各种社会行动之间才不会产生冲突,才能形成一种各

第六章
人之初本无性

礼治秩序

对依照社会伦理的秩序期待,外在地强化了对中国人内省式各类习惯的追求,对明君的期待构造了社会内在的向善。

安其分、各司其职的社会秩序,即儒家传统的礼治秩序。二程希望,"以礼治国""用礼成俗",自然地形成每个人各就其位、各司其职、各得其所、各奉其事,井然有序、和谐稳定的社会秩序图景。这便是俗称的"礼治秩序"[51]。

及至明清,无论儒墨道法还是宋明理学,社会精英倡导的社会秩序早已进入百姓的生活叙事,成为人们对日常生活与生产习惯的期待,不仅约束自己,也期待他人自我约束。从精英到平民,礼治秩序观念和行为习惯的下沉,追根溯源,与中国的蒙学教育密切相关。针对儿童的蒙学教育在中国源远流长,《汉书·艺文志》有:"《史籀篇》者,周时史官教学童书也。"从周代开始,就有史官为孩童提供教育。到秦汉时期,又有《仓颉篇》《凡将篇》《急就篇》《元尚篇》等一系列蒙学教育课本。《三字经》《弟子规》《千字文》《百家姓》《小儿语》《千家诗》等只是现在我们可以看到的文本而已,看不到的还有许多。

在起始于宋代的日常生活用书中,充满了对社会之善的憧憬；在学堂教育之外，礼治秩序还贯穿了家庭对子女的启蒙教育。据不确切的考证，《三字经》可能正是这一潮流的产物。宋代杨亿说："童稚之学，不止记诵，养其良知良能，当以先入之言为主。日记故事，不拘今古，必先以孝弟忠信礼义廉耻等事，如黄香扇枕、陆绩怀橘、叔敖阴德、子路负米之类，只如俗说，便晓此道理。久久成熟，德性若自然矣。"[52] 在杨亿看来，在启蒙教育中，教授知识只是其中的一面，更重要的是，从开始就教育孩童们养成孝悌、忠信、礼义、廉耻等礼治秩序的信念和行为习惯。

"以礼为教""以事明伦"也成为中国社会普遍的文化实践。明代中后期，童蒙教育集成了诸子典籍论述社会秩序和社会之善的成分，将其转化为生活语言，明代中期程登吉编写的《幼学须知》便是一本儿歌化的礼俗教育课本，如"不痴不聋，不作阿家阿翁；得亲顺亲，方可为人为子"，"小过必察，谓之吹毛求疵；乘患相攻，谓之落井下石"，"为善则流芳百世，为恶则遗臭万年"等，已经成为中国家庭教育和居处社会教育的默认内容，有的甚至变成了民俗规范。在流传中，历代社会精英还会不断加入时代性内容，及至清代，邹圣脉又对其增补注释，改名《幼学琼林》。这些生活化的读本形成了一种便于传播的社会期待，在不同地区和不同世代的社会群体中流传，形成了习惯养成的滋润雨露。

中国先贤们对人性的争论，成就了中国文化对社会之善的共识，形塑了中国人诸多的行为习惯。

注释

1 《孟子·告子上》。

2 《孟子·公孙丑上》。

3 《孟子·告子上》。

4 《孟子·公孙丑上》。

5 《孟子·离娄下》。

6 《孟子·公孙丑上》。

7 《孟子·告子上》。

8 同上。

9 《孟子·尽心上》。

10 这一部分引用的荀子言论,除特别标出外,均出自《荀子·性恶》。
11 《荀子·礼论》。
12 本段和下段引用的告子言论,均出自《孟子·告子上》。
13 孔子没有对人性原本是善是恶的论述,他讨论更多的是后天教育的影响。
14 贾谊:《治安策》。
15 《论语·学而》。
16 《论语·里仁》。
17 王肃注:《孔子家语》卷四。
18 《法言·修身》。
19 《法言·学行》。
20 《韩非子·奸劫弑臣》。
21 《韩非子·难二》。
22 《韩非子·难三》。
23 《韩非子·外储说左上》。
24 《韩非子·外储说右下》。
25 《韩非子·外储说左上》。
26 《论语·阳货》。
27 《论语·雍也》。
28 《论语·季氏》。

29 《论语·述而》。

30 李细成:《儒家相关六种人性论的内在联系——以〈论语〉中孔子对人性的论述为问题意识》,《文史哲》2018年第2期,第142—156页。

31 《孟子·告子上》。

32 《孟子·尽心上》。

33 《孟子·公孙丑上》。

34 《孟子·离娄下》。

35 《孟子·告子上》。

36 同上。

37 本小节以下有关荀子的言论均出自此。

38 《周礼·师氏》。

39 韦昭注:《国语·周语下》。

40 《说文》,段玉裁注:上匕之而下从匕谓之化。

41 《孟子·离娄下》。

42 《孟子·梁惠王上》。

43 《孟子·离娄上》。

44 《荀子·非相》。

45 同上。

46 《韩非子·八经》。

47 《韩非子·心度》。

48 《韩非子·有度》。

49 同上。

50 《二程集·文集遗文·伊川先生文·礼序》。

51 关于"礼治秩序",费孝通在《乡土中国》中有四篇相关论述,即"礼治秩序""无讼""无为政治""长老统治"。参见费孝通:《乡土中国》,北京大学出版社2012年版。

52 转引自朱熹:《朱子全书》第十三册,上海古籍出版社、安徽教育出版社2002年版,第434页。

结 论
中国文化中的习惯资源

结 论
中国文化中的习惯资源

尽管我们可以从中国文化的历史脉络里追寻中国人习惯的源流发展，可是，自近代以来，对世界的逐渐开放，与世界交往的日益频繁，使得如今的中国不再只是中国人的中国，也不再只是周边国家的中国，中国也已经成为人类的中国，世界的中国。中国人内省的文化性格与世界的发展合拍吗？中国人对人性的认识与世界的认知有共同之处吗？中国人推己及人的思维习惯还能继续吗？中国人和而不同的社会习惯能获得其他文化的认同吗？中国人择善而从的生活习惯会让中国失去中国性吗？中国人勤勉好学的工作习惯会在其他文化的冲击下解体吗？中国人张弛有度、谨慎的娱乐和休闲安排还有可能传承吗？我相信，这是在面对开放的世界、迈向联系紧密的时代，每一个人都有兴趣的问题，不仅中国人有兴趣，与中国和中国文化有关联的人都有兴趣。问题是,当今世界,谁跟中国没有关系呢?

要回答这些问题,并不容易。不是说这些问题不好回答,而是回答这些问题需要时间。文人墨客的理论回应没有意义,有意义的是每一个中国人的日常实践,是每一个与中国有关联的人的日常实践。有意义的是由实践形成的稳定"习惯"!中国的历史、中国人的习惯已经告诉我们,习惯的形成是需要时间的,不是一二十年,而是几代人,并且是在相对稳定的基本社会制度之下才能形成。在这段时间里,中国不仅需要处理好中国文化与世界的关系,还需要处理好中国以外的人、人群乃至主权国家对中国的误解。我们又该如何修己安人呢?

敏感于中国社会经济的发展,更敏感于中国与世界关系的变化,晚年费孝通再次展示了他推己及人的智慧,提出了文化自觉命题。费孝通说:"我深深体会到我们生活在悠久历史的中国文化中,而对中国文化本身至今还缺乏实事求是的系统知识。我们的社会生活还处于'由之'的状态而还没有进入'知之'的境界。而同时我们

结　论
中国文化中的习惯资源

的生活本身却已进入一个世界性的文化转型期，难免使人们陷入困惑的境地。其实不仅我们中国人是这样，这是面临21世纪的世界人类共同的危机。在多元文化中生活的人们还未能寻找到一个和平共处的共同秩序。"[1]的确，当下面临的各种困境，其实只是生活在自己文化中的人们不熟悉自己的文化，更不熟悉他人文化的后果之一。费孝通指出："中国文化从传统走向现代的进程中，步履维艰。怎样才能使中国文化的发展摆脱困境，适应于时代潮流，中国知识分子上下求索，提出了各种各样的主张，以探求中国文化的道路。""实际上在经济全球一体化后，中华文化该怎么办是社会发展提出的现实问题，也是谈论文化自觉首先要面临的问题。"[2]

文化自觉不只是一种姿态，更是社会实践。费孝通认为，"文化自觉只是指生活在一定文化中的人对其文化的'自知之明'，明白它的来历、形成过程，在生活各方面所起的作用也就是它的意义和所受其他文化的影响及发展的方向，不带有任何'文化回归'的意思，不是要'复旧'，但同时也不主张'西化'或'全面他化'。自知之明是为了加强对文化发展的自主能力，取得决定适应新环境对文化选择的自主地位"。[3]为反省中国近代以来在科学技术领域的落后，我们曾经尝试过全盘西化，在新文化运动和计算机发展初期都有人主张放弃方块字，新造拼音文字，却并没有成功，也没有彻底改变中国文化的传承与发展。也曾有人尝试复古，无论是倡导还是实践，也都只是社会和历史长河中的点缀，即使如新文化运动中的辜鸿铭先生，也难以聚众。

无论如何，当下的困境也许只是历史上众多困境中的一个段落而已。中国曾经经历过无数次的分分合合，也经历过无数回试图改变中国文化基因的冲击。的确，一个时代的中国文化的确与前一个时代有差别，形式有变化、方法有改进，可本质依旧在延续，对人性的基本认识依旧是多元的，处理人己关系的思维还是推己及人，对差异的包容性不是降低了而是提高了，依旧在自己的生活圈子寻找榜样而不是敌人，依旧把勤勉努力作为达成目标的基本路径，依旧在克制地对待人性中不受社会欢迎的部分。

中国文化原本就是多元文化的产物，诸子百家不过是多元思想和观点的呈现而已。中国文化在面对更加多元的文化时，不仅有足够的资源，也有足够的容量见贤思齐，吸收其他文化的精华，从而变得更加丰富，也让中国人对人性的认识更加多元，让中国人对不同行为习惯的理解更加自觉。

注释

1 费孝通：《开创学术新风气》，载《费孝通全集》第16卷，内蒙古人民出版社2009年版，第4页。

2 费孝通：《关于"文化自觉"的一些自白》，《学术研究》2003年第7期，第7页。

3 费孝通：《开创学术新风气》，载《费孝通全集》第16卷，内蒙古人民出版社2009年版，第5页。

后　记

这本小书由四个因素促成，每个因素都与我们这一代人的经历有关，希望以此回应时代巨变带来的困惑、中国人自己的困惑和外国人面对中国人时的困惑。

第一个因素是成长。我们这一代人经历过"文化大革命"和改革开放以来的每个阶段，每个阶段都有不同的社会倡导或社会运动，甚至是冲突性的变革。在学理上，这些倡导或运动可以被理解为对既存社会事实的反应，也促使我们反思社会发展与人的行动。

"文化大革命"煽动对传统文化尤其是传统社会秩序的反叛与革命。在传统文化里，社会秩序是社会存在的基石；社会规则又是社会秩序的基石，也是人们社会行动的依据；社会共识则是社会规则的基石，还是各方社会势力在历史进程中不断磨合而达成的、相对稳定的社会理解体系。"文化大革命"在某种意义上可以被理解为试图用否定传统共识的方式重塑新共识。可是,打破旧的共识容易,重塑新的共识却异常艰难。如今,"文化大革命"过去快半个世纪了,共识重塑的道路依然漫长。

在这条漫长的道路中,人们并不总是朝着一个目标奋进,而是会生出许多新的事物。改革开放以来,从拨乱反正到反对资产阶级自由化,从主张自由市场经济到实现共同富裕,从第三条道路到走中国特色社会主义道路,等等,几乎每隔三五年都会有一股不同思潮在社会里涌动。伴随思潮涌动的则是不同的社会语言潮流时尚、社会秩序话语体系、社会行动规则体系的不断调整,最终冲击的是中国传统的社会秩序。

除了不断变动的思潮和社会行动以及由此形成的各种力量的影响,共识重塑还有改革开放进程中外部力量的介入与影响。具体例子或许更具有体验感,如父辈与子辈之间的称谓。

后 记

在中国传统社会秩序里，君君臣臣、父父子子是在历史进程中形成的、稳定的社会共识，更是社会结构秩序。结构秩序的形式化和行动化表现之一是代际称谓不可以随意，如子辈无权直呼父辈的名讳。在文化里，这被称为名分文化。名分文化是由社会共识形成的，不是家长或孩子可以随意变更的。如果有孩子直呼家长名讳，社会将给孩子一个判断——"没有家教"。这指出的不是孩子的错误，而是家长的错误。社会认为，是家长没有把社会规则传递给孩子且让孩子落实在行动中，从而破坏了共识的社会规则，形成了对社会秩序的损害。不遵守社会规则的个体和家庭都会遭受社会惩罚，在日常生活中处处受到排斥。

与中国的社会共识不同，在西方文化尤其是美国文化里，孩子可以直呼家长名讳。在我国对外开放的进程中，这一文化也随之传入。倡导这一文化的人们，历数中国名分文化的弊端，核心的指责是，传统名分文化压制子代的独立与创新。在中国的改革和开放中，独立与创新又恰巧是中国发展必需的社会力量。于是，一些社会精英尤其是留学欧美的家长不断倡导让孩子直呼长辈名讳，倡导代际的民主与平等，对中国传统的名分文化产生了冲击。

可到底，社会共识还是要社会的多数行动者落实到行动上才算是成功。当人们发现新倡导带来的社会破坏远远大于社会建设时，对传统的坚守便获得了自然合法性。在家里，当孩子直呼家长名讳时，破坏着使用尊称带来的家庭感和家庭秩序；在社会上，当子辈直呼长辈名讳时，破坏着运用自然秩序（年龄）建构的社会秩序。故，尽管有反对声，可至少到当下，传统的名分文化还是规制人们行动的社会共识。事实上，把名分文化与独立创新进行绑定缺乏事实依据，中国传统文化不乏对子辈独立与创新的鼓励，这与名分文化之间没有哪怕是形式上的任何冲突。

我们这一代人成长中时常穿过旧的坚守与丧失、新的创新与树立等多种力量角逐争斗的夹缝，因此不时需要直面社会巨变带来的冲击和影响。尤其是站在讲台上，我们还要面对一届又一届的下一代。如何在维

后 记

系中国社会秩序的同时,培养有独立精神与创新能力的下一代?如何在面对非中国文化环境成长的学生时,让他们能准确理解中国人的习惯?如何让经历风云变幻的人们在理解时代巨变时有一个简洁入手点?

我们是由历史巨变塑造的一代人,身上有传统文化的烙印,有革命精神的种子,有西方文化的冲击,更有面向未来挑战的文化使命。如果说这本小书的字里行间埋藏了什么,其中之一大概是对这四种力量的感悟吧。

第二个因素是游历。我们这一代人是被迫游历的一代。我们的长辈有游历,可那游历在如今看来却是蹲守,一辈子到过的最远地点不过是县城或省城,更少有在不同地点生活的经历。而我们这一代人,为了自己,为了家庭,为了生活,不得不从乡村到城市,从小城到大城,从国内到国外,从亚洲到欧洲、美洲、非洲等。年轻的一辈也许游历范围更广,甚至打工都是去其他国家或遥远的非洲,可那是他们主动的选择。

生产和生活空间是社会文化的实践空间。游历带来的直接冲击是在不同空间体验到的社会规则差异。在传统中国，即使在中华文化环境，也有十里不同风、百里不同俗的差异，走出千里万里，语言、风俗、规则、文化的差异更加直接和明确。对我们这代人而言，由差异启发的第一个实践性反思（reflexivity）是：一方水土养一方人，习惯是在个体自己成长的社会环境中养成的（cultivated），接受的是自己环境的社会规则。在另一方水土里成长的人，自然也养成了他们的习惯，遵循那个环境的社会规则。既然各自有自己的社会规则，便意味着自己的社会规则不一定是所有人都必须遵守的社会规则，更难说是唯一正确的规则。社会规则总是适用性的（adaptive）、社会共识性的。由此产生的进一步反思是：当两种甚至更多规则相遇时，我们该如何面对？对自己的规则是坚守还是放弃？在中国人的习惯里，又如何处理和面对以共识为基础的多种规则差异？

还是举实例。20世纪80年代中期，一位老师带着学生到湖北省麻城市做乡村调查，其中的一项活动

后 记

是进农户家访谈户主。那个时代,中国还是乡村社会,庄稼人还在生存线上挣扎,房屋是传统的两三间格局,小青瓦或茅草盖起的人字屋顶,泥土糊的墙壁。房屋里除了吃饭的桌凳,很少有其他家具。家里的大人多数时间在地里劳动,回到家里要么弄口饭吃,要么累极了睡觉。屋子根本没人有时间收拾,哪儿哪儿都是灰尘,餐具也不那么清洁干净。生活虽苦,可礼节没有废。走进农户,来的都是客,何况是大学老师(当地人依然尊称其为先生)带学生来。主人家客气让座,可板凳上积着厚厚的灰尘。接着,拿碗从水缸里舀一碗水端上来让老师和学生喝,碗口还留着油渍。接受过大学教育的人知道,讲卫生才能保健康。如果老师和学生遵循自己的规则讲卫生,可以先找块抹布把板凳擦干净再坐,找块布或纸把碗口擦干净再喝。可如果老师和学生这么做了,在主人家眼里,老师和学生就成了外人,访谈便再也没法进行,不仅这一家,而且整个村子的访谈都无法继续。这是因为,在乡村社会,没有秘密可言,老师和学生在一家的行为很快会传遍整个村子。如果老师不擦板凳和碗口,直接坐,直接喝,老师便遵循了主人家的社会规则,后面的事情也就顺利了,可这样却违背了老师和学生的社会规则。这个例子便是不同社会规则在具体实践场景里的冲突。这样的冲突当然不只是发生在老师带学生进行乡村调查的场景中,在任何一个跨时空的场景中,都潜藏着不同层级的规则冲突,甚至是不可调和的冲突。

无须仔细观察,我们便会发现早已存在处理冲突的社会规则。在生活场景里,入乡随俗是处理冲突的社会规则,且是人们的习惯。可是,这样的习惯,或养成的习惯又是从哪里来的呢?习惯养成的理论逻辑是什么?社会逻辑又是什么?

同样,我们是由社会规则冲突塑造的一代人,身上有家乡的社会规则,有游历中国时面对过的社会规则,有游历世界时面对过的社会规则,更有面向未来挑战的有待创新的社会规则。如果说这本小书的字里行间埋藏了什么,其中之一大概是面对各种规则冲突的感悟吧。

后 记

第三个因素是阅读。我们这一代人还是阅读的一代。与长辈比较，新中国成立后的教育普及运动让我们这代中的绝大多数人至少接受过小学教育，大多数人还接受过初中、高中教育。无论"文化大革命"期间小学和初中的教育内容有多少删减，识字是我们这代人共有的能力，也给我们打开了一扇通向文本世界的窗户。在三辈人的比较中，长辈因没有接受学校教育而没有能力阅读，子辈则更多是被动阅读。从进入学校开始，子辈的阅读就被圈定了，围绕课本，围绕课程内容，被教材内容牵引着，没有机会也没有余力阅读课堂以外的内容。我们这一代人则不同，我们是从阅读饥饿中走出来的，对阅读有一种天生的饥渴，有什么就读什么，也因此形成了我们这一代人的阅读特征：杂。

以我本人为例。我阅读的第一本课外书是邻居家盖大米坛子的《三国志》。记得是在小学三年级，我在邻居家无意中发现大米坛子上盖着一本没有封面的书，竖排、繁体。一翻，还有人物和故事，也就生吞活剥地读完了。当时读懂了多少,不知道,有书读便可以跟家长说在读书,便可以躲过许多事情,算是幸运了。随后的阅读,完全没有结构,遇到什么就读什么,《林海雪原》《红旗谱》《金光大道》《水浒传》《红楼梦》《三国演义》《三侠五义》《封神演义》等,还包括各种手抄本。迷恋读书也不全是因为喜欢读书,还因为如果不读书,就要去做其他杂七杂八的事情。渐渐地,读书变成了一种习惯,上了大学也乱读书,拿到什么就读什么,只是拿到的范围拓展到了非中文书籍。等到研究生阶段进入写学位论文需要的专题系统阅读时才发现,自己的阅读底子是杂乱的。从杂乱到系统虽然是一个艰难的过程,可整体进行反思,杂乱虽有杂乱的劣势,即不系统,建构专题性知识时需要查漏补缺,但杂乱也有杂乱的优势,即不拘泥于一个门派,容易形成批判性思维,也容易发现系统性知识的错漏。当然,这是题外话。

  杂乱阅读带来的另一个后果是对文本携带的社会规则差异与冲突的思考性体验。一个历史人物,在一本书里被奉为圣贤，在另一本书里却被贬为坏蛋，为了弄清楚其到底是圣人还是坏蛋，就得读更多的书，找更多的证据去澄清由书本带来的判断疑惑。判断的依据是标准或规则，判断的差异甚至是冲突，便是标准或规则的差异甚至冲突。以至于为厘清一种植物、动物或器物在中国典籍里的名称源流和与实物的对照而遍寻可接触的所有文献，为澄清某地某时社会风俗的差异而在文献里钻牛角尖。从文本中体验的社会规则差异也为我们这代人理解现实的社会规则差异提供了知识基础和心理准备，对当今世界多样性和变异性的理解增加了一些从阅读中积累的心态宽度，让我们变得更具有反思性。

还有，我们是由杂乱阅读建构的一代人，身上有现实的社会规则，有阅读收获的各类社会规则，如历史的、异域的、想象的、自我建构的、理想的社会规则，更有面向人类未来的规则憧憬。如果说这本小书的字里行间埋藏了什么，其中之一大概还有面对不同社会规则差异甚至冲突的从容理想吧。

第四个因素是回应。第二次世界大战后,世界政治经济格局的演化如全球化,让人们在亲身经历、游历、阅读中经历着不同社会规则冲突带来的困扰。在困扰中,费孝通先生晚年倡导文化自觉,梁漱溟先生质疑这个世界会好吗,亨廷顿预测多种文明的冲突,吉登斯提出第三条道路,福山以为各类规则会一统,等等,都可以被理解为对困扰的回应。

从习惯入手,可以被理解为从社会实践入手。与人相处,人们能感受到身边人的习惯,也会讲述自己的习惯:习惯的言语、习惯的动作、习惯的思考、习惯的行动等。无须仔细观察也可发现,习惯是贯串人们从思考到行动整个知—信—行过程的自然惯性,不仅影响着行动者对待社会的态度和行动,也因此影响着行动者之间、行动者与社会的关系,最终影响着行动者的社会成就与生活感受。中国有句俗话,"习惯成自然"。如果把习惯的形成放在人的成长进程中,很容易认识到习惯是社会规则内化的过程,社会学将其称为社会化(socialization);法国社会学家福柯站在批判

后 记

的立场，称之为规训（discipline）。的确，人的习惯是受内化的社会规则支配的。人的习惯的差异，反映的正是人们遵循的不同层次社会规则的差异，从习惯入手，的确是理解社会规则差异甚至冲突的有效切入点。

中文的"习惯"，在法国社会学里有一个类似的概念——"habitus"，被中国学者翻译为"惯习"，这也是一个从哲学到实证社会科学的研究问题。这个概念最早来自亚里士多德，他的"*hexis*"（状态，品质）在中世纪经院哲学里被翻译为惯习。在近代社会科学中，马克斯·韦伯（Max Weber）、埃德蒙德·胡塞尔（Edmund Husserl）、马塞尔·莫斯（Marcel Mauss）、让·皮亚杰（Jean Piaget）、诺贝特·埃利亚斯（Norbert Elias）、吉尔·德勒兹（Gilles Deleuze）等都运用或探讨过惯习。莫斯认为，惯习是植根于个人、群体、社会和国家的身体或日常实践的文化，如学习习惯、身体技能、风格、品味和其他非话语知识等，与中文语境里习惯的含义几乎完全一致。的确，在皮埃尔·布迪厄（Pierre Bourdieu）之前，人们似乎很难区分习惯与惯习的差异。其实，布迪厄也认为，惯习不只是归纳人的自然反应，也包括更抽象的心理习惯、感知、分类、欣赏、感觉，以及行动。对特定群体而言，惯习的含义是不言而喻的。惯习是群体文化和个体历史塑造身心的后果，是具有相似社会背景和机会的人们共享的行为模式，也因此塑造了当下的社会行为。

可是，当布迪厄试图用惯习解释行动者的社会反应机制时，与中文语境里的习惯的差异便出现了。布迪厄认为，人们对待社会的态度、举止、品味、道德等是由人们在现实生活的客观位置塑造的，是社会结构的后果。到这里，与中文语境里的习惯似乎还有关联。接下来，布迪厄认为，惯习也会影响人们的生活机会，构建人们未来的人生道路。这是中文语境里的习惯不曾蕴含的。

指出习惯与惯习的差异在于说明，这本小书并非企图解释习惯的社会影响或社会机制，而是试图对中国人的习惯进行最简洁的刻画，从认知与思维、与人相处、日常生活、工作学习、休闲娱乐等场景探讨典型的,甚至理想或向往的习惯,最后,把这些场景的典型习惯放回中国文化之中,让我们在反思中了解自己、认识自己,让世界通过中国人的习惯和习惯养成了解中国人、理解中国人。为了简洁,这本小书没有与已有文献展开论辩式的对话,如辜鸿铭的《中国人的精神》、蔡元培的《中国人的修养》、林语堂的《中国人》、明恩溥(Arthur Henderson Smith)的《中国人的气质》(*Chinese Characteristics*)、何天爵(Chester Holcombe)的《中国人的本色》(*The Real Chinaman*)、柏杨的《丑陋的中国人》等,而只是希望在自身理论逻辑推演中呈现一家之言。

这是一个高度互联的时代,秉持不同社会规则的群体不可避免地走到了一起,面对面地或数字化地汇聚到一个星球,如何与自己相处、如何与他人相处,已经成为我们每个人不得不面对的困扰,不得不面对的现实。排除困扰的第一步是理解,理解自己,也理解自己面对的规则差异。费孝通先生讲"各美其美",条件是自己得了解自己;"美人之美",条件是自己得让别人了解自己。这本小书试图为中国人理解自己的习惯提供参考,更为世界理解中国人的习惯提供建议。

邱泽奇谨识

壬寅春节于皂君庙